인문교양총서 27

사서삼경 이야기

•

이 세 동

저자 **이세동**__ 경북대학교 인문대학 중어중문학과 교수

경북대학교 중어중문학과를 졸업하고, 서울대학교 대학원에서 문학박사 학위를 취득하였다. 포항공대 교양학부에서 전임강사로 강의하였으며, 경북대학교로 옮겨 조교수, 부교수를 거쳐 교수로 재직하고 있다. 전공은 중국경학(中國經學)이지만 한국의 경학과 유학 등으로 연구의 지평을 넓혀가고 있다. 유가적 분위기에서 성장한 까닭에 유가 경전을 연구하는 경학을 전공으로 선택하였으나 유학의 시대적 한계를 깊이 인식하고 있으며, 경학을 '세상을 경륜하는 학문[經世之學]'으로 규정하는 논의에도 거부감을 느끼고 있다. 그러나 경학이 비록 경세지학은 아닐 지라도 유가 경전에는 현대에도 여전히 의미 있는 메시지가 있다고 믿고 있으며, 이 메시지들의 현대적 가치와 의의를 추출하는 작업에 관심이 많다. 이 책도 이러한 관심의 일환으로 저술되었다. 중국의 경학을 전체적으로 조망한 「中國經學試論」 등의 논문과 『대학·중용』 역해, 『충효당 높은 마루-안동 서애 류성룡 종가』, 『독서종자 높은 뜻-성주 응와 이원조 종가』 등의 저서가 있다.

경북대 인문교양총서 ㉗

사서삼경 이야기

초판 인쇄 2014년 8월 4일
초판 발행 2014년 8월 14일

지은이 이세동
기 획 경북대학교 인문대학
펴낸이 이대현
편 집 이소희 권분옥 박선주
디자인 이홍주
마케팅 박태훈 안현진

펴낸곳 도서출판 역락
주 소 서울시 서초구 동광로 46길 6-6 문창빌딩 2층
전 화 02-3409-2058(마케팅), 2060(편집)
팩 스 02-3409-2059
등 록 1999년 4월 19일 제303-2002-000014호
전자우편 youkrack@hanmail.net

값 10,000원
ISBN 979-11-5686-070-9 04140
      978-89-5556-896-7 세트

이 도서의 국립중앙도서관 출판예정도서목록(CIP)은 서지정보유통지원시스템 홈페이지(http://seoji.nl.go.kr)와 국가자료공동목록시스템(http://www.nl.go.kr/kolisnet)에서 이용하실 수 있습니다.(CIP제어번호 : CIP2014022897)

인문교양총서 027

사서삼경 이야기

이세동 지음

역락

서문

『사서삼경(四書三經)』은 한때 이 땅의 베스트셀러였다. 지식인이라면 읽지 않는 사람이 없었고, 선비들의 담론은 이 책들을 중심으로 이루어졌다. 그러나, 세월은 흐르고 독서의 패턴도 바뀌어 이제는 읽지 않는 책이 되어가고 있다. 왠지 가지고는 있어야 할 책이라는 생각으로 사기는 하지만, 책장에 꽂아두고 가끔씩 먼지만 털어주는 책이 된 것이다. 그러나 이 책들은 그렇게 대접하기에는 너무 미안한 책이다.

『사서삼경』은 유학의 교과서였고, 유학은 2,000년 동안 동아시아의 주류사상이었다. 우리나라를 두고 말하더라도 적어도 조선 500년 동안 우리의 선조들은 이 교과서의 가르침대로 살아야만 하는 줄 알고 살았다. 읽고 외우고 실천하고 그렇게 살았다. 그 시절이 먼 시절이 아니다. 필자가 어릴 때만 해도 이런 사람들이 곳곳에 있었다. 그 과거가 있었기에 현재가 있고 우리는 그들의 삶을 이어서 살고 있다. 그래서 그들의 삶을 이해하기 위해 이 책들은 지금도 읽어야 하고, 읽다 보면 간간이 발견하는 삶의 지혜들은 여전히 유용하다.

『사서삼경 이야기』는 『사서삼경』을 읽기 위한 가이드북이다. 중국 책인 『사서삼경』이 우리 책이 된 과정부터, 책의 내용까지 여러 가지를 소개했다. 책이 만들어진 원전성립사도 살펴보고, 이 책들의 저자도 찾아보았다. 그리고 절반이 넘는 분량으로 그 책들의 원문을 골라서 번역하고 해설했다. 이 원문소개는 맛보기로 할 생각이었으나, 원문을 고르는 과정에서 분량이 저절로 늘어나 버렸다. 버리기 아까운 말들이 너무 많았다. 그러다보니 부록이 되어야 할 원문소개가 중심내용처럼 되어버렸다. 그러나 집필을 끝내고 보니 이 부분이 더욱 사랑스럽다.

『사서삼경』을 소개하는 책들이 많지만, 이 책은 나름의 몇 가지 특징을 가지고 있다. 먼저, 『사서삼경』의 배경에 대한 연구사적 정리는 다른 책들에서 보기 힘든 것이다. 간단하고 쉽게 핵심을 간추렸다. 다음으로, 『사서삼경』을 해설한 부분도 다른 책들이 말하고 있는, 그래서 사람들이 많이 알고 있는 내용은 간략하게 다루고, 다른 책들에서 소개하지 않은 내용을 소개하려고 노력했다. 마지막으로, 원문소개를 체계를 세워서 했다. 교훈성의 글들을 뽑아서 나열하고 해석만 한 것이 아니라, 주제를 가지고 원문을 간추려 해설했다. 특히『사서』는 논리가 분명한 책이다. 이 논리의 줄기를 세우고, 그 줄기를 따라가면서 적절한 원문들을 골랐다. 그렇게 고른 원문들을 해석하고, 그 원문의 속살을 헤집어 줄기를 해설했다. 그러므로 이 책의 원문소개를 따라가다 보면『사서』의 논리들에 대한 이해가 깊어질 수도 있을 것이다.

『시경』은 내용에 따라 분류하여 번역만 했다. 작가를 알 수 없는 300여 편의 시를 모아놓은 시집에서 일관된 논리를 찾는 것이 불가능하기 때문이다. 그래서 내용별로 적당한 작품들을 골라 번역만 했다. 해설을 붙이지 않은 것은, 시 전문가가 아닌 필자의 어설픈 해설이 독자의 감성을 왜곡시킬 수 있다는 생각 때문이었다.『서경』의 일관된 논리는 천명(天命)과 덕치(德治)에 대한 강조다. 이와 관련한 원문들을 주로 고르고, 우리에게 알려진 성어들이나 스토리가 있는 글들을 소개했다.『역경』은『사서삼경』가운데 가장 독특한 책이다. 독특한 체계로 우주와 인간의 변화원리를 규명하려고 한 책이다. 앞의 해설부분에서는 주로 문헌학적인 내용을 다루었고, 뒤의 원문소개에서는 다시『주역』의 논리체계를 설명하였다. 그 논리체계를 이해하기 위해 64괘의 기본괘인 건괘와 곤괘를 집중 해설하는 방식으로 원문을 소개했다.

필자는 예전에 『대학』과 『중용』을 완역하고 해설한 책을 발간한 적이 있다. 이번에 이 책을 집필하면서 『대학』과 『중용』 부분은 그 책의 글들을 많이 가져다 썼다. 동일한 내용인데 억지로 다른 말을 할 필요가 없었고, 그렇게 할 능력도 없었기 때문이다. 혹 필자의 그 책을 읽은 독자가 있다면 같은 이야기를 두 번 듣는 번거로움이 있었을 것이다. 양해를 구한다.

2014년 여름에
이세동

차례

들어가기

1. 한자와 우리나라

20세기 초까지 우리나라의 책은 대부분 한문책이었다. 1910년에 조선이 사라질 때까지 글쓰기의 기본은 한문이었고, 일제강점기에는 민중계몽과 민족의식을 각성시키기 위한 한글 글쓰기가 확산되었으나 우리말 사용이 기본적으로 금지되었으니 글쓰기를 말할 수 있는 시절이 아니었다.

1948년 8월 15일에 건국한 대한민국은 그 해 10월 9일에 '한글전용에관한법률'을 제정하였다. "대한민국의 공용문서는 한글로 쓴다. 다만, 얼마 동안 필요한 때에는 한자를 병용할 수 있다"는 결정이었다. 벌칙규정도 없었고 '얼마 동안'이 언제까지인지도 명시되지 않은 모호한 법률이지만, 이 법률은 우리나라 글쓰기의 분기점이다. 이제는 누구나 글을 쓴다면 한글로 쓰게 된 '한글공용화'의 선언이었던 것이다. 1446년에 한글이 반포되고 500년이 지나서야 한글 쓰기를 법률로 선언하였으니, 500년 동안 왜 우리는 우리글인 한글을 공식적으로 쓰지 않았던 것일까?

역사적으로 공인된 중국최초의 문자는 갑골문이다. 갑골문이 만들어지기까지 수천년에 걸친 유사문자들이 있었지만, 도형을 넘어서는 의사소통을 위한 기호 체계로서의 최초 문자는 갑골문이다. 출토된 갑골들은 대략 14세기 이후의 것들이니 이때부터 계산하더라도 중국인이 문자생활을 한 것은 3,500년에 가깝

● 갑골문

다. 그러나 상형문자인 갑골문에는 아직 회화적 성분이 많이 남아있었고, 이 갑골문이 발전을 거듭하여 회화성을 거의 상실한 기호로 정비된 것이 소전(小篆)이다. 소전은 진시황이 천하를 통일하고 난 뒤, 승상 이사(李斯)가 기존의 문자들을 개량하여 만든 것이다. 곧 이어 소전을 개량하여 실용성을 강화한 예서(隸書)가 만들어졌고, 서한에서는 이 예서를 약간 개량하여

사용하였는데 이를 한예(漢隸)라고 한다. 현대의 서예가들이 쓰는 예서가 바로 한예인데, 굳이 진나라의 예서와 한예를 구분하지 않기도 한다. 문자학사에서는 예서 이후의 문자들을 근대문자라고 하여 현재 사용하는 한자와의 유사성을 인정하고 있다.

• 예서

중국과 인접하고 있던 우리가 한자를 접한 것은 오래전 일일 것이지만, 이 땅에 대량으로 유입된 한자는 예서였을 것이다. 연나라 사람 위만(衛滿)이 기원전 194년에 고조선을 찬탈하여 통치할 때 당시의 문자인 예서를 사용했을 것이기 때문이다. 이 땅에서 한자를 보는 것이 그리 낯설지 않았을 때, 그 한자는 예서였다는 말이다. 김부식은 『삼국사기·고구려본기』에서 "건국 초에 비로소 문자를 사용했다[國初始用文字]"고 하였다. 건국 초가 구체적으로 어느 시기인지는 학자들에 따라 견해가 다르지만 대체로 기원전후일 것이다. '비로소 사용했다'는 말은 일부계층의 문자생활이 이루어지고 있었다는 말이며, 이 일부계층은 지배계층이다. 우리가 영어수입초기에 영어를 구사하는 사람들을 지식인으로 간주한 시절이 있었듯이 고구려 초기에 문자를 사용하는 사람들은 지식인이었고, 그들은 그 지식을 통치의 수단으로 활용한 일부 지배계층이었다. 그러므로 이 시기는 아직 한자 사용의 대중화를 말할 수 있는 시기는 아니다.

건국 초기부터 문자를 사용하기 시작한 고구려가 문자로 된 책을 가르치는 학교를 세운 것은 소수림왕 2년(372)의 일이다. 이 때 태학(太學)을 세워 젊은이들을 교육하였으며, 좀 지난 뒤에는 지방에도 경당(扃堂)을 세워 미혼의 자제들을 가르쳤다. 중국 당나라 역사책인 『구당서(舊唐書)』에는, 경당에서 『오경(五經)』을 비롯하여 『사기(史記)』, 『한서(漢書)』, 『후한서(後漢書)』, 『삼국지(三國志)』, 『진춘추(晋春秋)』 등의 역사서와 『옥편(玉篇)』, 『자통(字統)』, 『자림(字林)』 등의 문자학 서적을 읽었으며, 『문선(文選)』을 특히 소중하게 여겼다고 기록되어 있다.

아마 이때쯤 우리나라의 모든 지식인들은 한문으로 된 책을 읽으며 한문으로 글을 쓰기도 했을 것이다. 최초의 국립학교인 태학이 설립되었다는 것은 지도자의 자격에 문자의 구사능력과 학문적 소양이 필요해졌다는 말이며, 지방에까지 교육기관이 설립된 것은 문자와 학문의 대중화가 이루어지고 있었다는 말이다. 이렇게 쌓은 실력으로 414년에는 저 수려한 「광개토왕비문」을 쓸 수 있었을 것이다. 그러므로 우리나라에서 한자와 한문이 일반화된 시기는 4세기쯤으로 보아야 할 것이다.

한편 백제도 고구려와 비슷한 시기에 문자생활을 하였고 유가 경전도 학습하였다. 고구려가 태학을 세우고 3년 뒤인 서기

375년에 박사 고흥(高興)이 백제의 국사인 『서기(書記)』를 지었다고 하고, 분명치 않지만 4세기경에 박사 왕인(王仁)을 일본에 보내어 『논어(論語)』와 『천자문(千字文)』을 전하기도 했다. 『논어』를 가르칠 수 있는 스승이 있었고 자국의 역사를 서술할 학자가 있었으니, 결코 고구려보다 한문에 대한 이해가 뒤지지 않았을 것이다.

신라가 한자를 익히고 한문을 읽고 쓰던 시기는 이 두 나라보다 좀 늦었다. 신라가 국립교육기관인 국학(國學)을 설치한 것은 삼국통일 뒤인 신문왕 2년(682)의 일이다. 고구려의 태학보다 300년 이상이 늦었다. 그러나 그 이전에 한자와 한문에 대한 소양이 전혀 없었던 것은 아니다. 진흥왕(534~576) 때 정비된 화랑도의 이념에 유불선 삼교의 가르침이 들어있다고 하고, 진평왕(?~632) 때 원광법사가 화랑에게 준 「세속오계(世俗五戒)」가 한문식 경구이니 이미 한자와 한문에 대한 소양이 깊었을 것이다. 그리하여 신라 통일기에 외교문서를 전담하였던 강수(强首)와 『구경(九經)』에 통달하였던 설총(薛聰)이 나오고, 신라말에는 최치원(崔致遠)이라는 걸출한 인물이 나와 당시의 중국 당나라를 능가하는 한문구사능력을 보여주었다.

이상에서 살펴본 바를 정리하면, 삼국시대 이전에 한자가 들어와, 대략 4세기에 우리나라의 지식인들 사이에서 일반적인 한자생활이 이루어졌으며, 8, 9세기에는 중국과 대등한 한문구사력을 갖출 수 있었다.

• 주공

문자는 문명의 열쇠다. 언어를 통해 전승된 인류의 경험들이 문자로 기록되면서 생명을 가지게 되었고, 이렇게 모여진 경험들이 문명을 만들었다. 갑골문을 사용하면서 중국인들은 명실공히 황하문명의 주인공이 되었고, 그들은 그 문자로 문명을 비약적으로 발전시켰다. 기원전 11세기에 은나라를 이어 중원을 차지한 주나라는 문자발명으로 축적된 역량을 바탕으로 눈부신 문화를 이룩했다. 주나라 초기의 문화적 지도자 주공(周公)은 문물과 제도를 정비하여 이후 중국문화의 근간이 된 예문화(禮文化)를 확립하였다. 공자는 주공을 계승하여 주공의 문화를 이론적으로 체계화하였으니, 유가가 2,000년 동안 주류사상으로 군림할 수 있었던 것은 필연이었다.

주공과 공자에 의하여 마련된 이 예문화는 신분과 신분에 따른 규범을 규정하였고, 그 질서 속에서 사회는 조화로울 수 있었다. 사회를 조화롭게 하는 그 질서는 '정의(正義)'가 되었고, '예(禮)'는 그 정의를 구현하는 수단이 되었으며, 예를 어기는 행위는 조화를 깨트리는 불의가 되었다. 이 체계 속에서 인간은 예를 지키려는 마음을 항상 유지해야만 했다. 공자는 이 예를 지키려는 마음을 '인(仁)'이라고 하였다. 공자는 가장 사랑한 제자 안연(顔淵)이 '인'에 대해서 물었을 때 '극기복례(克己復禮)'라고 했다. 공자의 인에 대한 지향이 잘 드러나 있는 이 말은 '예를 지키기 싫은 나를 극복하고 예를 지키는 삶을 살라'는 것이다. 이 말을 들은 안연이 다시 인을 실천하는 방법을 묻자, "예가 아니면 보지도 말고, 예가 아니면 듣지도 말고, 예가 아니면 말하지도 말고, 예가 아니면 움직이지도 말라"고 했다.

노신(魯迅 : 1881~1936)은 유교를 "사람을 잡아먹는 예의 가르침[食人禮敎]"이라고 하였지만, 주공과 공자의 예문화는 한나라부터 청나라까지 2,000년 이상 유효했던 질서였다. 이 예를 통해 확립한 질서를 바탕으로 사회는 안정되었으며, 문명은 발전하였다. 문자의 발명으로부터 비롯한 이 중화문명은 참으로 위대했다. 문자가 없던 이웃나라들은 이 문명권에 편입될 수밖에 없었다. 수많은 전쟁과 파란이 있었지만 이 중화문명의 줄기는 흔들림이 없었다. 중국은 언제나 동아시아 최고의 문명국이었으며, 가장 융성한 나라였다. 중국이 서구열강에게 찢겨지고 있던 시기에 노신은 그 책임을 유교에게 물었지만, 문자의 발명으로부터 2,000년 유교문화까지 그들의 과거는 화려했다.

이처럼 막강한 힘을 지닌 문자생활을 우리는 중국인들보다 거의 2,000년이나 늦게 시작했다. 그들의 문자를 빌어서 문자생활을 했다는 것은 우리가 그들의 문화권에 편입되었다는 말이다. 우리가 단군조선을 넘어 배달국을 이야기하며 저들보다 유구하고 빛나는 역사를 이야기하더라도 우리에게는 그것을 증명해 줄 문자가 없었다. 열쇠 없이 문을 열 수 없듯이 문자 없이 문명을 열 수는 없다. 우리에게 문자가 있었다고 이야기하는 사람들이 있지만 그것들이 설사 존재했더라도 의사소통을 위한 체계적인 기호로 사용된 증거는 없다. 우리에게는 한자를 빌어 문자생활을 한 역사적 사실만 있는 것이다.

한자문화권이라는 말이 바로 이러한 사실을 극명하게 보여준다. 한자를 매개로 형성된 중국의 문화 범위 안에 편입된 나라들이 한자문화권이다. 문화는 물과 같아서 높은 곳에서 낮은 곳으로 흐른다. 우리가 한자를 빌어 문자생활을 하고자 한 것은 중국인들이 한자를 바탕으로 이룩해 놓은 문화가 선진문화임을 인정하였다는 말이다. 한자문화권의 나라들은 이 선진문화를 수입하여 그들의 수준과 비슷해지는 것이 최선이었다. 여기서 가장 성공(?)한 나라가 우리나라였다. 그 선진문화의 산물인 서적들을 우리는 삼국시대에 이미 수입하여 공부했다. 그 책이 수입될 때 우리에게는 그만한 책이 없었다. 말은 있었지만 문자가 없었으니 우리글로 된 책을 쓸 수가 없었고, 한자가 수입된 뒤에는 학습에 바빴으니 책을 저술할 역량이 되지 못했다. 더구나 그 책들은 그들의 유구한 문화가 농축된 것들이었으니, 우리의 문화적 역량으로는 엄두를 낼 수 없는 것들이었다. 고구려의 경당에서 읽었다는 『오경』과 역사서들이 바로 그런 책들이었다. 경당에서 문자학 서적들을 공부했다는 말

은 이제 문자를 배우는 단계였다는 말이며,『문선』을 소중하게
여겼다는 것은 그들처럼 시문을 창작해보고 싶었다는 말이다.

이렇게 형성된 '중국 배우기'가 삼국시대 이후 우리의 슬픈
역사였다. 고려도 그랬고, 조선도 그랬다. 조선은 배우기에 성
공해서 그 문화적 수준이 거의 그들과 대등해졌다. 그 대등해
진 문화적 역량을 바탕으로 세종은 훈민정음을 창제했다. 세
종은 참으로 위대한 군주였다. 그는 늦었지만 중국 배우기의
슬픔을 극복하고자 했다. 그래서 그들의 문자보다 훨씬 쉽고
과학적인 문자를 발명했다. 그러나 이미 1,000년 이상 선진문
화에 젖어 있던 우리를 문자발명으로 바꿀 수는 없었다. 그들
의 윤리였던 삼강오륜을 실천하고, 그들의 철학이었던 성리학
을 연구하고 있던 시기였다. 뒤늦은 문자발명이 할 수 있는 일
은 오직 중국의 힘에 눌리고 중국의 문화에 억눌렸던 우리 민
초들의 아픔을 어루만져주는 것뿐이었다. 민초들은 문화의 변
두리에서 언문을 사용하였고, 지식계의 주류는 여전히 한문이
었다. 여기까지였다. 위대한 훈민정음이 할 수 있었던 일은 아
녀자와 무식한 백성들의 친구가 되는 일뿐이었던 것이다.

선진문화의 세례를 받은 이 땅의 지식인들은 중국의 책을
읽고 또 읽어 그 책을 우리 것으로 만들었다. 그 책의 문법을
익히고 그 책의 문법으로 글쓰기를 하면서 그 책들이 인도하
는 문화 속에서 희열을 느꼈다. 그래서 『사서삼경(四書三經)』은
우리 책이 되었고, 한글이 창제되고 난 뒤에도 여전히 저술은

한문으로 이루어졌다. 한자의 위대한 힘과 그 위대한 힘으로 축적한 문화는 넘을 수 없는 벽이었던 것이다. 조선의 지식인들이 넘을 수 없던 그 벽, 세종대왕조차도 넘을 수 없던 그 벽은 현대에 와서야 겨우 무너졌다. 무너져야 할 벽은 언젠가는 무너지게 마련이니, 이렇게 역사는 발전하는 것이다.

지금은 한글전용을 하는 시대다. 일각에서 주장하는 국한문혼용은 이렇게 발전한 역사를 문화적 종속의 시대로 되돌리는 일이다. 한글전용은 어휘의 의미에 혼동이 와서 불편하다고 한다. 그러나 역사를 바꾸려면 다소간의 불편은 감내해야 한다. 하물며 지금의 젊은 세대는 한글전용이 전혀 불편하지 않음에랴. 한자를 익히면 사고력이 증대되어 두뇌가 개발된다고 한다. 그렇다면 각자가 외국어를 공부하듯이 한자를 익히면 된다. 적어도 우리의 보편적 문자생활을 한자로 할 수는 없다는 말이다.

혹 필자의 논조를 보고 우리가 한자를 수입해서 문자생활을 한 역사를 부정하는 것처럼 오해할 필요는 없다. 앞에서 살펴본 것처럼 중국이 한자를 통해 이룩한 문명과 문화는 위대한 것이었다. 그 문화를 받아들이는 것은 사대주의가 아니다. 물처럼 아래로 흐르는 문화를 거부하는 집단은 발전할 수 없다. 적어도 전근대 사회에서 중국은 우리에게 선진문화 그 자체였고, 선진문화를 수용하여 우리 것으로 만들 줄 알았던 우리의 선조들은 지혜로웠다. 그 지혜로운 선조들은『사서삼경』에 선진문화의 정수가 들어있다고 생각했다. 그래서 읽고 또 읽어 우리 것으로 만들었다. 도대체 어떤 책이기에 우리 선조들이 그토록 열광했을까?

2. 선비 되기와 자화상

사람들을 만나서 이야기하다 보면 '우리 할아버지는 선비였다'라는 말을 듣곤 한다. 이 때 말하는 사람의 표정이 좀 묘하다. 듣는 사람에게는 자랑으로 들리는데, 말하는 사람은 좀 불만스러운 듯하다. 그러나 불만이라고 하기에는 그의 얼굴에 스치는 긍지가 예사롭지 않다. 여러 국어사전의 설명을 종합해 보면, '선비'라는 단어에는 대략 두 가지 뜻이 있다. ① 학식이 있고 행동과 예절이 바르며 의리와 원칙을 지키고 관직과 재물을 탐내지 않는 고결한 인품을 지닌 사람. ② 품성이 얌전하기만 하고 현실에 어두운 사람을 비유적으로 이르는 말. 이제 그 사람의 묘한 표정이 이해가 된다. 긍지는 ①번에서 오는 것이고, 불만은 ②번 때문이다. 할아버지가 책만 읽고 살림은 영 돌보지 않아서 할머니가 고생을 많이 했다는 이야기가 이어지면서 말이 많아진다. 일화들이 쏟아진다.

그 때 그 할아버지들이 가장 많이 읽었던 책이 아마 『사서삼경』이었을 것이다. 『대학(大學)』, 『논어(論語)』, 『맹자(孟子)』, 『중용(中庸)』, 『시경(詩經)』, 『서경(書經)』, 『역경(易經)』을 통째로 다

외웠을지도 모른다. 왜 할아버지가 이 책들을 읽으면 할머니가 고생을 하고, 그래도 지금 생각해 보면 자랑스러운 것일까? 그리고 그렇게 말하는 본인은 이제 이 책들을 읽을 필요가 없는 것일까?

선비는 전통 사회에서 독서인을 지칭하는 말이다. 늘 책과 가까이 있는 사람이다. 그 책은 영어책, 수학책이 아니다. 그때는 『사서』가 영어책이었고, 『삼경』이 수학책이었다. 영어책, 수학책은 대학 가고나면 읽지 않지만 『사서』와 『삼경』은 평생을 두고 읽고 또 읽었다. 그렇게 평생을 두고 『사서삼경』을 읽고 살아가는 사람을 선비라고 불렀다. 불과 한 세기 전, 우리 할아버지의 할아버지 시절만 하여도 이런 선비들이 곳곳에 널려 있었다.

왜 그랬을까? 왜 선비들은 그렇게 열심히 『사서삼경』을 읽고 외웠을까? 선비에게는 가야할 두 가지 길이 있었다. 수기(修己)와 치인(治人)의 길이다. 수기는 자신을 가꾸는 일이고, 치인은 남을 다스리는 일이다. 이 길은 두 갈래 길이 아니라 연속된 길이거나 함께 가야하는 병진(竝進)의 길이었다. 선비는 수기를 통해 쌓은 소양을 가지고 세상에 나아가 경륜을 펼치는 사람이며, 경륜의 과정에서도 끊임없이 자신을 가꾸었다. 그러므로 수기는 선비의 일생이었다.

『사서삼경』은 바로 이 수기의 텍스트였다. 그 책 속에 사람이 사람답게 사는 길이 있다고 믿었다. 사람이 사람답게 살기 위해 책을 읽었던 것이다. 그래서 읽고 또 읽다 보면 저절로 그렇게 살아가게 된다. 선비는 단순히 책만 보는 사람이 아니었다. 아는 것이 아무리 많아도 그것을 실천하지 않으면 선비가 아니었다. 앎은 시작이고 실천은 끝이다.『사서삼경』은 선비됨의 시작이자 끝이었던 것이다.

선비들의 나라 조선은 그리 호락호락한 왕조가 아니었다. 우리는 조선사회가 임금 한 사람의 전제로 운영되었던 나라인 줄 착각하지만, 조선은 그런 나라가 아니었다. 조선은 시스템이 잘 갖추어진 나라였다. 왕조시대라고는 하지만 왕권이 신권을 누르고 함부로 전제할 수 있는 나라도 아니었고, 임금이 독단적으로 관리를 임용할 수 있는 나라도 아니었다. 사간원을 설치하여 임금의 실정을 공식적으로 지적하도록 했고, 임금의 일거수일투족은 사관에 의하여 기록되었다. 의리와 학문을 숭상하여 이성과 교양을 갖춘 인재를 과거를 통해 뽑았고, 관리의 임명은 이조와 병조의 추천이 있어야 가능했다.

이성을 훈련한 선비관료들은 사람답게 사는 것이 어떤 것인지를 고민해본 사람들이었다. 국가와 백성을 위해 나의 경륜을 어떻게 펼칠 것인가를 고민하는 사람들이었다. 그러므로 임금의 실정을 지적하기에 용감하면서도 진실하였고, 국가를 위해 자신을 버릴 줄도 아는 사람들이었다. 벼슬의 여가에도 늘 책을 읽어 이성을 가꾸고, 세 사람만 모이면『시경』을 본받아 시를 지어 감성을 풍요롭게 할 줄 아는 사람들이었다. 이성과 감성이 조화로운 선비, 이런 선비들을 기른 책이 『사서삼경』
이다. 조선의 힘은 『사서삼경』에서 나온 것이었다.

그러나 이제 사람을 사람답게 만드는 책, 『사서삼경』은 그
이름조차 낯선 골동품이 되어버렸다. 시대는 순식간에 바뀌었
고, 『사서삼경』에 기반한 유학적 가치도 퇴색해 버렸다. 그러
나 지금도 고전과 교양도서를 말하는 자리에는 어김없이 『사
서삼경』 가운데 몇 권의 목록이 올라온다. 그러나 목록은 목록
일 뿐, 사람들은 『사서삼경』을 읽지 않는다. 읽지 않는 책을
왜 목록에 올리는가? 목록에서 빼버리자니 미안하기 때문이다.
품고 있자니 쓸모가 없고 버리자니 죄송한 조상들의 유물, 그
래서 읽기는 부담스럽지만 목록에는 올리지 않을 수 없는 책이
『사서삼경』이 되어버렸다. 불과 한 세기 전, 이 땅의 보편적 독
서의 텍스트는 이렇게 불편한 계륵(鷄肋)이 되어버린 것이다.

1910년 경술국치, 그 망국의 시점에서 조선의 가치관이었던
유학은 망국의 책임을 져야만 했다. 비판의 대상이 된 것이다.
1945년 해방의 공간에 서구의 이념들이 문명의 힘을 등에 업
고 들어와 유학적 가치를 축출했다. 망국의 책임을 지고 쫓겨
난 유학, 그 유학의 교과서 『사서삼경』을 21세기 현재에 다시
이야기하는 것은 무슨 까닭인가?

『사서삼경』에는 우리 아버지, 우리 할아버지의 그림자가 남
아있기 때문이다. 그 책들을 읽다보면 아버지가 왜 그렇게 말
씀하셨고, 할아버지가 왜 그렇게 행동하셨는가를 알 수 있기

때문이다. 아버지의 모습은 나의 자화상이고, 그 자화상이 『사서삼경』에 있다는 말이다. 『사서삼경』은 한때 우리들의 모습이었기에 『사서삼경』을 살펴보는 일은 우리의 자화상을 돌아보는 일이다. 그래서 우리는 『사서』도 읽고 『삼경』도 읽어야 한다. 그 책들에는, 나의 고결한 인품과 덕스런 실천이 남을 감동시키기만 하면 모두가 잘 사는 세상이 되는 줄 알았던 아버지와 할아버지들의 삶이 녹아있기 때문이다. 『사서』와 『삼경』을 읽어보면 내가 왜 이렇게 행동하고 있는지 알게 된다. '아! 이 책들을 읽으며 살았던 할아버지의 피가 나에게 흐르고 있기 때문에 내가 이렇게 행동하고 있구나' 하고 감탄하게 된다.

이 책들을 읽어야 하는 또 다른 이유가 있다. 이 책들이 21세기에도 여전히 유용한 책이기 때문이다. 이 책의 간곡한 권유가 이 시대에 모두 유용한 것은 아니다. 그러나 읽다 보면 아직도 우리의 가슴을 흔드는 감동이 더러더러 있다. 왜 유용한지, 어떤 대목이 가슴을 흔드는지는 읽어보면 안다.

실체를 알 수 없지만 조화롭기 그지없는 자연의 질서를 하늘이라 여기며 그 하늘을 경외하고, 그 하늘의 질서와 나의 질서를 하나 되게 하는 경건한 삶을 살고자 한 우리 할아버지 아버지들의 시대. 그 시대가 있었기에 현재가 있고 그 시대를 살던 사람들이 있었기에 오늘의 우리가 있다. 그러므로 우리에게는 아직도 그들의 피가 흐르고 있고, 그 피의 속성에 따라 가끔씩은 우리도 그렇게 살아가는 삶을 그리워해 보기도 한다.

3. 『사서삼경』과 『사서오경』

　『사서』는 『대학』, 『논어』, 『맹자』, 『중용』이고 『삼경』은 『시경』, 『서경』, 『역경』이다. 『삼경』에다 『춘추(春秋)』와 『예기(禮記)』를 보태면 『오경』이 된다. 우리나라에서는 늘 『사서삼경』을 이야기해 왔지만, 정작 이 책들의 원산지인 중국에서는 『사서삼경』이라는 말을 쓰지 않았다. 그들은 늘 『사서오경』이라고 하였다. 우리나라도 고려의 문헌들에 『사서삼경』이라는 용어가 보이지 않는 것을 보면 아마 조선 초부터 이 용어를 사용하였을 것이다. 이는 과거제도와 관련이 있다. 과거는 지식인이 관리가 될 수 있는 유일한 길이다. 과거의 꽃은 문과(文科)였고, 문과도 초시(初試)와 복시(覆試), 전시(殿試)의 3단계가 있었는데, 가장 중요한 시험은 초시 합격자를 중앙에 모아 치게 한 복시였다. 조선 초에 정비된 『경국대전』에 의하면, 이 문과복시의 초장에서는 『사서삼경』을 외우도록 하고 중장과 종장은 제술, 즉 작문을 하도록 하였다. 다만 초장에서 응시자가 『삼경』 이외에 『춘추』와 『예기』를 외우고자 할 경우에는 들어주도록 하였다. 『삼경』은 필수였고 나머지 『이경』은 선택이었던 것이다. 인재를 선발하는 과거의 가장 중요한 시험인 문과의 국정과목이 『사서삼경』이었으니 조선에서는 늘 『사서삼경』을 말하고 통칭하여 『칠서(七書)』라고 했다. 그러므로 우리나라의 제도사적 측면에서 『사서삼경』은 의미있는 용어일 수 있으나,

동아시아의 학술사적 측면에서는 『사서오경』이라고 함이 옳다. 그러나 이 책에서는 『사서삼경』만 다룰 것이다. 우리에게 익숙한 것부터 설명해보자는 것이다. 21세기에 유가경전을 다시 이야기해야 하는 이유가 할아버지의 그림자를 찾기 위해서라면, 그 할아버지들이 즐겨 읽었던 책을 먼저 살펴보자는 것이다.

우리나라가 『사서오경』이 아니라 『사서삼경』을 고집한 데는 또 다른 이유가 있었다. 이 책들에는 주자(朱子)의 손길이 남아있기 때문이다. 조선은 주자의 나라였고, 주자의 이념을 진리라고 믿었던 나라였다. 그 주자가 『사서』에 주석을 달고 『삼경』에 주석을 달았다. 다만 『서경』은 주자가 앞부분만 주석을 달고 죽으면서 그의 제자 채침(蔡沈)에게 부탁하여 완성을 보았다. 그러므로 주자의 손에서 완성된 것은 아니지만, 오롯한 주자의 주석으로 간주되었다. 이에 비해 『예기』와 『춘추』는 주자의 손길이 전혀 미치지 못한 책들이다.

공자의 저술로 알려진 노나라 역사책 『춘추』에는 한나라 때부터 3종의 해설서가 있었다. 『공양전(公羊傳)』과 『곡량전(穀梁傳)』, 『좌전(左傳)』이다. 이 3종의 해설서들은 동일한 텍스트인 『춘추』를 각각 다르게 설명하였다. 그래서 『춘추』를 읽는 사람들은 이 『춘추삼전』을 모두 읽어야 했다. 북송대에 와서 호안국(胡安國)은 이 3종의 해설서를 망라하여 『춘추』를 주석한 이른바 『춘추호전(春秋胡傳)』을 저술했다. 송대 이후 이 책은 『춘추』를 공부하는 기본참고서가 되었다. 주자는 『춘추호전』의 내용이 지나치게 번쇄한 것을 싫어했지만, 자신은 『춘추』의 해설서를 집필하지 않았다.

예와 관련하여서는 현재 4종의 책이 남아 있다. 내용이 전혀 다른 『의례(儀禮)』, 『주례(周禮)』, 『소대례기(小戴禮記)』, 『대대례기(大戴禮記)』다. 한나라 때는 학파에 따라 『의례』나 『주례』를 '예경(禮經)'이라고 하였고, 『소대례기』나 『대대례기』는 '경(經)'으로 취급하지 않았다. 『예기』의 '기(記)'라는 표현도 예경에 대한 '해설'이라는 의미가 강하다. 그러나 당나라 때 공영달(孔穎達)은 태종 이세민의 칙명에 따라 『오경』을 확정하는 과정에서 『소대례기』를 『오경』에 편입시켰다. 이 『소대례기』가 바로 우리가 이야기하는 『예기(禮記)』이다. 『예기』가 『오경』에 편입된 것은 이 때부터다. 왜 그랬는지는 분명하지 않다. 다만 4종 예서(禮書)의 내용을 비교해보면, 『소대례기』가 '예'의 이론과 실제에 대한 내용을 가장 잘 갖추고 있기 때문이었던 것으로 짐작할 수 있다. 주자는 『예기』가 『오경』에 편입된 것을 불만스럽게 여겼다. 그는 『의례』를 예경으로 간주하고 나머지 3종을 이 『의례』를 설명하고 보완하는 책으로 만들고 싶었다. 그리하여 『예기』를 무시하고 『의례경전통해(儀禮經傳通解)』의 편찬에 착수하였으나 완성하지 못하고 죽었다. 결국 『사서오경』 가운데 주자의 주석이 달린 글은 『사서삼경』뿐이었던 것이다.

들어가서, 그 첫째 이야기

1. 『사서』 이야기

『사서』는 『논어』, 『맹자』, 『대학』, 『중용』을 통칭하는 말이다. 당나라 때까지, 아니 성리학이 태동하는 송나라 때까지 유학의 교과서는 『오경』이었으며, 『논어』와 『맹자』는 참고서쯤 되었다. 다만 『논어』는 『효경(孝經)』과 함께 특별한 대접을 받으며 『맹자』보다 훨씬 중시되었다. 『중용』과 『대학』은 『예기』 49편 가운데 각각 제31편, 제42편으로 실려 있었다. 『예기』를 읽으면 자연스레 읽게 되는 『예기』의 일부였던 것이다.

당나라가 망하고 오대(五代)의 혼란기를 잠시 거친 뒤 후주(後周)의 절도사였던 조광윤(趙匡胤)은 쿠데타를 일으켜 송나라를 세웠다. 무력으로 등장한 송나라는 또 다른 쿠데타를 예방하기 위해 문치(文治)를 내세우고, 과거제도를 정비하여 새로운 인재의 선발에 주력했다. 당나라에도 예부(禮部)가 주관하는 진사시가 있었지만 관리임용권을 가진 이부(吏部)는 진사 합격자들을 대상으로 별도의 시험을 치르게 하고, 여기서 가문의 배경이 없는 인물을 탈락시켰다. 어쩌다 합격이 되더라도 문벌 출신이 아닌 경우는 권력의 핵심부에 참여하기가 어려웠다. 그러나 송나라의 과거제도는 달랐다. 고시관들이 응시자의 필체를 알아볼 수 없도록 내용을 베껴 쓴 답안지를 가지고 채점하도록 하였고, 응시자의 이름도 가려두었다가 채점이 끝난 뒤에 확인토록 했다. 이 과정에 문벌이 끼어들 여지는 없었다. 최종 합격자는 황제 앞에서 한 차례의 시험을 치른 뒤 석차가 결정되었다. 황제가 자신을 보좌할 인재를 직접 선발한 것이다. 황제는 당연히 문벌이 아니라 답안의 우열을 가지고 석차를 매겼다.

　과거의 문제는 여러 유형이 있었으나 기본은 유학적 소양이었다. 그러므로 이처럼 엄격한 실력 본위의 과거를 거쳐 중앙에 진출한 관료들, 즉 신진사대부(新進士大夫)들은 『오경』을 통해 유학적 소양을 쌓은 교양인들이었다. 그러므로 그들에게 정권참여의 길을 열어준 유학은 이제 학문의 대상일 뿐만 아니라, 새 시대를 만들어 가는 그들의 정치이념이 되어야 했다. 게다가 불교와 도교가 이론적으로 정밀해지면서 유학의 상대적인 이론 결핍에 대한 위기감도 고조되고 있었다. 여기서 유학은 한 번 변한다.

그들은 지난 시대에 이루어진 경전의 주석들을 자유롭게 비판하며 새로운 주석을 달기도 하고, 경전의 원문이 오류가 있다고 지적하기도 하였으며, 심지어는 경전의 원문을 스스로 고치거나 보완하기도 하였다. 경전의 한 마디 말조차 비판할 수 없었던 한나라, 당나라와는 사뭇 분위기가 달라진 것이다. 이처럼 분위기가 새로워진 송대의 학술 전체를 오늘날 송학(宋學)이라고 한다. 남북의 대립구도에서 중화와 오랑캐를 구분하려는 춘추학(春秋學), 시대개혁을 추진한 신학(新學), 실사구시를 지향한 사공학(事功學), 유불도가 한 뿌리임을 주장한 촉학(蜀學) 등등이 모두 송학의 범주에 속한다. 그러나 송학 가운데 무엇보다도 완벽한 체계를 갖추고 후세에 절대적인 영향을 끼친 것은 성리학(性理學)이다.

성리학은 태극(太極)을 모든 존재의 원인자(原因子)로 설정하였다. 그 원인자의 본원적인 법칙성을 리(理)라고 하였고, 리에 의한 운동과 물질의 형성을 기(氣)라고 하였다. 이와 같이 정비한 세계관을 바탕으로 인간의 심성(心性) 문제를 규명한 뒤, 도덕적 실천을 추구하는 수양론(修養論)의 체계를 확립하였다. 수양의 궁극은 '성인됨'이며, 신진사대부들은 스스로 성인이 되어 이 땅에 성인의 다스림을 펼쳐야 하는 사명을 가지게 되었다. 다른 어떤 유학보다도 새로웠던 이 성리학을 오늘날 신유학(新儒學)이라고 부르며, 상대적으로 공자와 맹자의 유학은 원시유학이 되었다. 우리가 주자라고 높여 부르는 주희(朱熹 :

1130-1200)는 바로 선배 학자들의 이론을 집대성하여 고밀도의 이론 체계를 마련한 성리학의 완성자이다.

● 주자

이론이 갖추어졌으면 이제 그 이론을 훈련하는 교과서가 필요하다. 주자는 한나라 때부터 주목받기는 했으나 결코 『오경』의 지위를 넘볼 수 없었던 『논어』와 『맹자』에다 『예기』에서 뽑아 낸 『중용』과 『대학』을 더하여 한 세트의 책으로 만들었다. 그리고 이전의 주석과는 엄청나게 다른 주석을 다는 작업을 하였다. 주석의 집필이 끝난 뒤에도 세상을 떠나기 직전까지 다듬고 다듬었다. 그 결과물이 바로 『논어집주(論語集註)』, 『맹자집주(孟子集註)』, 『대학장구(大學章句)』, 『중용장구(中庸章句)』로 구성된 『사시징구집주(四書章句集註)』이다. 『대학』과 『중용』은 『예기』 가운데서도 내용이 독특하기 때문에 한나라 때부터 학자들의 주목을 받았고, 당나라의 한유(韓愈)나 북송의 사마광(司馬光) 같은 인물들이 특별한 관심을 가지기는 하였다. 그러나 언제부터 『예기』로부터 독립 유통되었는지는 분명치 않다. 어쨌든 이들을 『논어』, 『맹자』와 함께 하나의 체계로 묶은 사람은 주자이며, 『사서』라는 명칭 역시 주자의 『사서장구집주』가 통행되면서 확정되었다.

주자는 『사서』를 『오경』보다 중시하여 먼저 읽도록 하였으며, 『사서』 가운데는 『대학』을 가장 먼저 읽도록 했다. 『대학』을 인생의 목표를 설정하고 가치관을 확립하는 책으로 본 것이다. 『대학』을 읽고 난 뒤에는, 『논어』와 『맹자』를 읽으라고 했다. 『대학』의 가치관대로 살았던 공자와 그 공자를 배우기가 소원이었던 맹자의 교훈을 살피라는 말이다. 마지막으로 『중용』을 읽으라고 했다. 최후의 단계에서 유학의 근본이념을 정밀하게 탐구하라는 말이다. 이렇게 완성된 체계는 『대학』과 『중용』이 『예기』 속에 들어 있고 『논어』와 『맹자』가 개체로 유통될 때와는 비교할 수 없는 힘을 갖게 되었다. 이제 『사서』는 훈고에 따라 그냥 읽는 책이 아니라 새 시대를 열어갈 힘을 키워주는 교과서가 되었다. 『오경』 중심의 유학이 『사서』 중심의 유학으로 바뀐 것이다.

『오경』 중심의 유학이 『사서』 중심의 유학으로 바뀌었다는 것은 유학의 패러다임이 바뀌었다는 것을 의미한다. 문헌 중심의 유학이 이념 중심의 유학이 된 것이다. 한나라의 유학도 이념이 없었던 것은 아니지만 그 이념은 통치에 정당성을 부여하는 논리에 국한되었고, 전반적인 유학의 조류는 문헌을 천착하는 훈고학이었다. 과거를 통해 정계에 진출한 송나라의 재상들은 경전에서 이념을 찾으려 한 유학적 소양이 깊은 사람들이었다. 구양수(歐陽修), 범중엄(范仲淹) 같은 온건론자나 왕안석(王安石) 같은 개혁론자들이 모두 경전에서 찾은 이념을 정치에 구현하고자 한 재상들이었다. 북송 초기부터 있었던 이러한 이념에 대한 갈망들을 모아 새로운 체계를 완성한 사람이 바로 주자였다.

이 『사서』 중심의 패러다임은 그 당시에도 몹시 새로워 보였던 모양이다. 주자의 학문은 주자가 살았을 당시에 이미 '가짜 학문[僞學]'의 낙인이 찍혀 그를 비롯한 59명의 블랙리스트가 만들어졌다. 이 문제는 사상보다 정치적인 문제 때문에 발생한 것이지만, 어쨌든 주자의 학문이 정쟁의 수단이 될 만큼 새로운 유학이었던 것은 분명하다. 이 위학당금(僞學黨禁) 때문에 주자는 만년을 우울하게 보냈다. 그러나 그의 사후 성리학은 중국을 비롯한 동아시아의 보편적 패러다임이 되었으며, 그는 공자에 버금가는 인물로 추앙되었으니 아마 스스로도 만족할 만한 보상이었을 것이다.

중국보다 더 주자적이었던 조선의 유학자들은 그의 가르침대로 『사서』를 순서에 따라 읽고 또 읽었다. 중국에서 양명학(陽明學)이 판을 치던 시절에도 조선은 양명학에 물들지 않고 주자의 가르침을 지키고 실천하고자 했다. 주자의 벽은 넘을 수 없는 불가능의 벽이면서, 동시에 넘어서는 안 되는 금기의 벽이었다. 그러므로 『사서』는 반드시 주자의 주석에 따라 읽어야 했다. 그가 만든 새로운 패러다임의 교과서였기 때문이다.

2. 뜻을 세우고 - 『대학』 이야기

『대학』은 '대인지학(大人之學)'의 준말이라고 한다. 대인의 학문이라는 말이다. 대인은 군자와 의미가 겹치고, 소인의 상대어이다. 대인이나 군자는 원래 다스리는 사람을 의미하고, 소인은 다스림을 받는 사람을 의미했다. 지배자와 피지배자를 지칭하는 계급용어였던 것이다. 그러나 언제부턴가 이 용어들은 또 다른 의미를 가지게 되었다. 다스리는 사람은 다스리는 사람으로서의 도덕성과 능력을 갖추어야 한다. 신분제 사회에서 피지배자가 지배자에게 도덕성과 능력을 갖추기를 요구할 수는 없지만 기대할 수는 있다. 그 기대가 모여 만들어낸 이상적인 인간형이 바로 대인이며 군자이다. 상대적으로 소인은 그런 도덕성과 능력을 갖추지 못한 사람을 지칭하게 되었다. 도덕성과 능력에서 더욱 중시된 것은 도덕성이었다. 대인에는 능력 있는 사람보다는 덕을 갖춘 사람이라는 의미가 더 강하다.

주자는 이 능력과 도덕성을 갖춘 지도자를 기르기 위한 책, 『대학』을 증자(曾子)가 저술했다고 하였으나 근거가 희박하다. 『대학』에는 공자 이후의 인물들 가운데 유일하게 증자의 말을 인용하고 있는데, 근거라면 아마 유일한 근거일 것이다. 주자도 『대학』의 경문은 공자의 말씀을 증자가 서술하고, 나머지는 증자의 취지를 증자의 제자들이 기록하였다고 하였으니 증자의 영향 아래 쓰인 글이라는 점만 인정한 셈이다. 현대의 학자들은 대체로 작자 미상으로 보고 저술시기는 전국(戰國)시대부터 진한(秦漢)시대까지 다양하게 보고 있다.

증자는 공자의 제자들 가운데 비교적 막내에 가까워 공자보다 46세나 적었다. 성명은 증삼(曾參)이

● 증자

며, 그의 아버지 증점(曾點)과 함께 공자의 제자가 되었다. 공자는 늘 증삼이 둔하다고 했다. 그리 총명하지 않았던 모양이다. 그러나 결국 공자 가르침의 종지를 깨우쳐 학통을 계승하는 수제자가 되었다. 독실한 실천과 노력의 결과였다. 『논어』와 『맹자』, 『예기』, 『대대례기』 등에 그의 언행과 관련된 다량의 자료가 남아 있는데, 공자의 제자들 가운데 대규모의 학단을 거느리고 가장 활발한 활동을 한 학자임을 알 수 있다. 특히 『맹자』의 「이루(離婁)」편에는 증자와 자사의 일화를 함께 언급하며, 그들의 지향이 동일하였음을 말한 구절[曾子子思同道]이 있어 증자와 자사 및 맹자의 학통 관계를 짐작할 수 있다. 증자가 『대학』을 직접 저술하지 않았더라도, 증자의 학단과 『대학』이 무관하지는 않아 보인다.

『대학』은 고대의 최고 교육기관인 태학(太學)에서 학생들을

가르치던 내용을 서술한 책으로 알려져 있다. 주자의 설명에 따르면, 고대의 학교는 소학(小學)과 태학으로 구분되며 소학은 신분과 관계없이 적령기의 모든 아동들이 입학하여 실천 위주의 교육을 받았다. 소학의 졸업생 가운데 장차 국가의 지도자가 될 사람들은 다시 태학에 입학하여 국가를 경영할 소양을 쌓게 되는데, 그 교육의 목표와 순서를 천명한 글이 바로『대학』이라는 것이다.

『대학』은 이상적인 지도자가 되기 위한 세 가지 목표와 이 목표를 이루기 위한 여덟 단계의 과정을 말하고 있다. 이것을 삼강령(三綱領), 팔조목(八條目)이라고 하는데, 각각 명명덕(明明德), 신민(新民), 지어지선(止於至善)과 격물(格物), 치지(致知), 성의(誠意), 정심(正心), 수신(修身), 제가(齊家), 치국(治國), 평천하(平天下)로 나누어진다.

인간은 도덕적 인자(因子)를 가지고 태어났다. 이것이 '명덕(明德)'이다. 그러나 후천적 요소와 삶의 과정에서 이 도덕적 인자는 흐려지게 되고 이 흐려진 인자를 다시 '밝히는[明]' 일이야말로 인간답게 사는 길이다. 그러므로 지도자가 되려는 사람은 먼저 스스로의 도덕적 인자를 통찰하고 이를 확충해야 한다. 이것이 '명명덕'이다. 도덕성은 예나 지금이나 지도자의 기본 조건인 것이다. 기본 조건을 갖춘 지도자의 다스림은 도덕성의 확산으로 이루어진다. 남도 나와 같이 되도록 만드는 것이다. 이것은 강제로 이루어지는 것이 아니다. 나의 본성에서 우러나오는 도덕적 행위는 타인을 감동시키고, 그 감동이 그 사람의 실천으로 이어지게 되면 그 사람은 거듭나게 된다. 새로운 사람이 된 것이다. 이것이 '신민'이다.

그러나 여기까지는 아직 과정이다. 명명덕과 신민은 나머지 하나의 강령, 즉 '지어지선'에서 완성된다. 지선(至善)은 주어진 상황에서 더 이상 좋을 수 없는 최선이다. 평범한 사람도 어느 한 순간은 지선의 행위를 할 수 있다. 그러나 모든 순간이 지선의 연속일 수는 없다. 하지만 『대학』의 저자는 모든 순간이 지선의 연속이기를 요구한다. 지선에 '머무르기'를 요구하고 있는 것이다. 도덕적 각성이 어떠한 상황에서도 최선의 도덕적 실천으로 이루어질 수 있도록 하라는 말이다. 이것이 '지어지선'이며, 이상의 세 가지가 삼강령이다. 이 삼강령이 완성된다면 세계는 도덕적 각성과 실천으로 충만한 완벽한 사회가 된다. 유사 이래로 이러한 사회는 없었다. 그러나 지도자는 이러한 이상을 향해 노력하여야 한다는 유가의 신념을 보여주고 있다는 점에서 『대학』은 특별하다.

팔조목은 삼강령을 이루어가는 단계이다. 나의 명덕을 밝히는 일은 격물→치지→성의→정심→수신의 단계를 거쳐 완성되고, 백성을 새롭게 하는 일은 제가→치국→평천하의 단계를 거쳐 완성된다. 명덕을 밝히는 일을 다시 앎[知]과 실천[行]으로 구분할 경우, 격물과 치지는 앎의 단계이고 성의, 정심, 수신은 실천의 단계이다.

삼강령과 팔조목을 한마디로 이야기하면 수기치인(修己治人)이다. 나를 닦고 남을 다스리라는 말이다. 나의 소양을 가꾼 뒤 세상으로 나아가 경륜을 펼치라는 말이다. 이때의 소양은 도덕성과 능력을 함께 이야기한 것이지만 유학은 도덕성을 우선시한다. 소양이 부족한 사람이 세상을 경륜하려 하는 경우가 있다. 제대로 될 리가 없다. 그러므로 세상에 경륜을 펼치고자 한다면 먼저 나를 가꾸어야 한다. 수기가 치인에 앞서 이루어져야 하는 것이다. 『대학』은 바로 이 단순하면서도 당연한 순서를 논리적으로 밝힌 책이며, 나아가 나를 가꾸고 경륜을 펼치는 방법을 설명한 책이다. 명명덕은 수기이며, 격물, 치지, 성의, 정심, 수신은 수기의 단계이다. 신민은 치인이며, 제가, 치국, 평천하는 치인의 확산 과정이다. 그러나 수기의 5단계와 치인의 3단계를 절대화할 필요는 없다. 반드시 격물을 완성하고 나서 치지를 하란다거나 반드시 제가를 완성하고 나서 치국을 하라는 말로 볼 필요는 없다는 것이다. 수기와 치인이라는 큰 틀 속에서 수기가 우선되어야 함을 강조하는 논리로 보면 될 것이다. 스스로를 돌아볼 줄은 모르고 세상을 다스리려고만 하는 사람들에 대한 경계일 것이다. 그러므로 수기와 치인은 유학의 본령이며, 『대학』은 유학의 본령을 논리적으로 밝힌 책이다.

마지막으로 주자의 『대학』 개편의 의미를 좀 살펴보자. 주자는『대학장구』를 집필하면서『대학』의 원본을 대폭 개편하였다. 새로운 패러다임의 교과서가 되도록 '친민(親民)'을 '신민(新民)'으로 글자도 바꾸고 문장의 순서도 바꾸고 자신의 글도 집어넣어 새롭게 편집하였다. 이 작업의 가장 큰 문제점은 주자가 원본의 개편을 통해 '선비됨'의 출발점을 바꿔버린 점이다. 원본에는 각 조목에 대한 해설이 있다. 그러나 그 해설은 여섯 개의 조목에 그치고 격물과 치지는 용어만 보일 뿐 해설은 없다. 아마 원본의 격물과 치지는 주자가 생각한 그런 뜻이 아니었기 때문일 것이다. 어쨌든 원본은 선비됨의 단계를 8조목이 아니라 6조목으로 나누고, 선비됨의 출발점을 격물이 아니라 성의라고 하였다. 나의 몸을 가다듬기[修身] 위해서는 마음을 바르게 해야[正心] 하고, 마음을 바르게 하기 위해서는 뜻이 먼저 진실해야[誠意] 한다. 진실하다는 것은 거짓이 없이 참된 것이다. 마음이 움직이는 그 순간, 남들이 알 수 없는 그 마음자리에 거짓이 없도록 하라는 말이다. 이것이 신독(愼獨)이다. 신독은 남들이 보지 않을 때 윤리적인 행동을 하는 정도의 개념이 아니다. 남들이 모르는 내 생각의 부도덕함조차 없애는 것이 신독이다. 그러므로 성의의 핵심은 신독이며 원본『대학』은 이 지점을 선비됨의 출발점으로 보았다. 그래서 원본『대학』은 명명덕의 5조목이 아닌 3조목과 백성을 친애[親民]하되 집안과 나라와 천하로 확산시켜 가라는 3조목을 합하여 삼강령 육조목으로 구성되어 있었다. 숫자상으로도 균형감이 있어 보인다.

　주자는 이것이 마음에 들지 않았다. 이래서는 새로운 유학의 교과서가 될 수 없다고 생각하였다. 성리학은 앎[知]을 중시한다. 우주는 왜 생겨났으며, 인간은 왜 윤리적인 실천을 해야하며, 세상만사에는 어떤 이치들이 들어있는가를 알아야 한다. 그런데 원본『대학』은 도덕적 실천만을 이야기할 뿐 '이치를 추구하라[窮理]'는 말이 없었다. 이것이 원시유학과 신유학의 갈림길이다. 신유학이 이치의 추구를 중시하였다면 원시유학은 도덕적 실천을 중시하였던 것이다. 그래서 주자는 격물과 치지를 해설하는 글을 스스로 지어 보완하고 격물을 통한 치지를 선비됨의 출발점으로 제시하였다. 실천의 세 단계 앞에 앎의 두 단계를 삽입한 것이다. 분명 문헌학적 오류이지만 그 오류가 새로운 패러다임을 만들고 그 패러다임이 이후 몇 백 년 동안 동아시아 사회를 지배해 왔으니 인정할 수밖에 없다.

　주자가『사서』가운데『대학』을 가장 먼저 읽으라고 한 것은『대학』을 읽고 세계관을 확립하라는 말이다. 뜻을 세워 대인의 길을 가라는 말이다. 나의 명덕을 먼저 밝히고 남의 명덕을 밝혀주는 것이 대인의 길이며 나와 남이 항상 지선의 상태에 머무르게 하는 것이 대인의 길이다. 이런 대인이 국가의 지도자가 되었을 때 인류는 행복해 질 것이다.『대학』을 제왕학이라고 하는 이유이다. 초학자들은『대학』을 읽고 '나는 이 길을 가리라' 다짐을 하였고, 이 다짐을 한 사람들이 관료가 되고 임금이 되었다. 유교가 꿈꾸는 이상적인 나라는 이런 사람들이 다스리는 나라이다.

3. 공자 배우기 -『논어』이야기

주자는『대학』을 읽고 대인이 될 뜻을 세운 사람들에게 이제 공자의 언행록인『논어』읽기를 권한다. 비록 제왕의 자리에 오르지는 못했으나 공자는 가장 이상적인 대인이기 때문이다. 그가 어떤 사람이기에 이상적인 대인이라고 하는가?

공자는 기원전 551년에 노(魯)나라 창평향(昌平鄕) 추읍(陬邑)에서, 송(宋)나라의 후예인 숙량흘(叔梁紇)을 아버지로 안징재(顔徵在)를 어머니로 하여 태어났다. 근처의 이구산(尼丘山)에 기도하여 낳았기에 이름은 구(丘) 자는 중니(仲尼)라고 하였다. 송나라는 은나라 유민들의 나라였고, 노나라는 주공이 봉해진 나라였다.

• 공자

공자는 갑골문의 나라 은나라의 유구한 전통과 중국문화의 초석을 다진 주공의 문화를 함께 익힐 수 있는 환경에서 태어난 것이다. 그러나 공자의 출생이 마냥 축복인 것만은 아니었다.

공자의 아버지는 전쟁에서 공을 세워 추읍에 봉해진 신흥 영주였다. 그에게는 아홉 명의 딸과 맹피(孟皮)라는 아들이 있었으나, 다리가 불구였던 맹피는 영주의 작위를 세습할 수가 없었다. 기록에 의하면 숙량흘은 어렵사리 안씨 집안의 셋째 딸을 맞이하여 자신의 후계자를 낳았다. 이렇게 공자가 태어났을 때 어머니는 나이가 18세 였고 아버지는 70세가 넘은 노인이었다. 사마천은『사기 · 공자세가(孔子世家)』에서 이 두 사람의 결합을 '야합(野合)'이라고 했다. 정상적인 혼인관계가 아니라는 말이며, 그렇게 태어난 공자는 사생아라는 말이다. 이 사실이 무척 당혹스러웠던 후대의 유학자들은 기묘한 이론들로 공자가 사생아가 아님을 증명하고자 하였으나 부질없는 일이었다. 공자가 사생아로 태어난 것은 역사적 사실이며, 이 불행한 출생의 아픔을 극복하고 인류의 스승이 되었기에 공자는 더욱 위대한 것이다.

공자가 세 살 때 아버지가 죽자 안징재가 급히 추읍에서 곡부(曲阜)로 이사가 시집과 인연을 끊었다. 안징재는 자신이 죽을 때까지 숙량흘의 무덤을 공자에게 알려주지 않았다. 모두 공자의 출생 비밀을 짐작케 하는 일들이다. 3세에 곡부로 이사오고부터 어머니가 죽은 15세 무렵까지 공자가 어떤 삶을 살았는지는 기록이 없다. 사마천은 오직 "어린 시절에 놀 때 항상 제기(祭器)를 진설해 놓고 예절을 갖추며 놀았다"는 한 줄만 기록했다. 미래의 공자를 예견할 수 있는 기록이기는 하지만 어떤 환경에서 어떻게 살았는지는 기록하지 않았던 것이다. 아마 기록으로 전하기 곤란한 사실이 있었을 지도 모른다. 공자는 후일 "나는 어려서 천하게 자랐기 때문에 비천한 일을 많이 할 수 있게 되었다"라고 술회하였다. 이 말에는 시댁의 친척들을 피해 도망 온 20대 초반의 여인과 그 여인의 어린 아들이 겪었을 삶의 고단함이 묻어있다.

이 어려운 생활에서도 공자는 학자로서의 소양을 쌓아갔다. 사마천의 기록 한 대목을 보자. "계씨(季氏)가 사(士)를 대접하는 잔치에 공자가 상복을 입은 채로 참석하였다. 양호(陽虎)가 '계씨는 사를 대접하려는 것이지 너 따위를 대접하려는 것이 아니다.' 하며 쫓아버렸다. 공자가 어쩔 수 없이 돌아왔는데 이때 17세였다." 계씨는 그 당시 노나라의 실권자인 계손씨(季孫氏)이고 양호는 그의 가신이다. '사'는 시대에 따라 의미 변화가 많은 글자이지만 춘추말기인 이때에는 대체로 지식인들을 지칭하는 의미로 쓰였다. 공자는 어머니의 3년상 기간에 계손씨가 선비들을 위해 잔치를 베풀었다는 말을 듣고 참석하였다가 쫓겨난 것이다. 비록 쫓겨나기는 했지만 주목할 점은 공자가 자신을 '사', 즉 학문적 소양을 갖춘 선비라고 생각했던 점이다.

어머니가 생계를 책임지는 어려운 살림살이, 자신도 온갖 천한 일을 하며 생계를 도와야했던 처지에서 공자는 선비의 소양을 쌓았던 것이다. 선비는 책과 가까워야만 한다. 당시의 책은 대나무 조각에 글자를 쓴 죽간이었으니, 부피나 가격면에서 오늘날의 책과는 비교할 수 없는 것이었다. 일부의 귀족들이나 소유할 수 있었던 이 값비싼 책을 가난한 공자가 어떻게 구해 보았을지 의문이다. 공자는 스스로 "나는 열다섯 살이 되어 학문에 뜻을 두었다[志學]"고 하였다. 학문에 뜻을 두었다는 것은 공부를 열심히 하겠다는 정도의 결심이 아니라 학자가 되려는 평생의 뜻을 세웠다는 말이다. 친가로부터 버림받은 가난한 청상과부의 아들 공자는 이렇게 뜻을 세우고 환경을 이겨나갔다.

공자는 19세 무렵에 결혼하고 곧 아들을 낳았다. 노나라 임금이 축하의 뜻으로 잉어[鯉]를 보냈기에 이름을 공리(孔鯉)라고 지었다고 하지만 20대 초반의 공자가 임금에게까지 알려졌을지는 의문이다. 가장으로서 생계를 책임져야 하는 공자는 국가 창고의 출납관[委吏], 국가 목장의 관리인[乘田] 등의 소소한 벼슬들을 역임했다. 말단 공무원이 되어 가족들을 건사해가는 평범한 가장의 모습이다.

공자가 언제부터 제자를 가르치기 시작했는지는 연구자들 사이에 이견이 많지만 대체로 20대 중반부터 스승의 길을 간 듯하다. "가르침에 있어서는 부류가 없다[有教無類]"는 공자의 말을 주자는 이상하게 설명하고 있지만, 아마도 신분과 재력에 따라 차별하지 않고 제자들을 받았다는 말일 것이다. 공자는 "건어 한 묶음[束脩] 이상의 예를 행하며 나를 찾아온 사람을 나는 일찍이 가르치지 않은 적이 없다"고 하였다. 공자학교의 문호는 활짝 열려 있었던 것이다. 배우고 싶은 사람은 누구나 와서 배울 수 있는 곳, 그 곳이 공자의 학교였다. 건어 한 묶음도 학비가 아니다. 사제의 인연이 성립하였음을 증거하는 예물이니, 이른바 폐백이다. 폐백은 사람과 사람 사이에 특별한 관계가 성립되었음을 의미하는 물건이다. 결혼식의 폐백도 바로 그런 의미이다. 공자가 제자를 받는 일에 제한을 두지 않은 것은 아마도 어린 시절의 영향이 컸을 것이다. 배우고 싶었으나 배울 곳이 없었던, 공부하고 싶었으나 가난하였던 어린 시절이었다. 이제 스승이 된 공자는 자신과 같은 처지의 학생들을 다 가르치고 싶었을 것이다. 이렇게 모인 제자들이 평생 3,000명이라고 한다.

공자의 교육목표는 네 가지였고, 교육내용은 여섯 가지였다. 여섯 가지 교육내용은 육예(六藝)라고 하는데 예(禮)와 악(樂), 활쏘기[射]와 말몰기[御], 글씨쓰기[書]와 셈하기[數]였다. 이 실무교육을 완벽하게 성취하기가 쉽지 않았던 모양이다. 3,000명의 제자 가운데 이 여섯 가지에 능통한 제자는 72명뿐이었다고 한다. 이 실무교육을 통하여 도달하고자 하는 목표는 도덕적 인간[德行], 능숙한 언어구사력을 지닌 인물[言語], 유능한 행정가[政事], 학문적 소양을 갖춘 인물[文學]이었다. 덕행은 공자문하에서 가장 중시되는 목표였고, 언어와 정사는 관료가 갖추어야 할 능력이었으며, 학문적 소양은 전체를 관통하는 교양이었다. 공자학단의 교육목표는 학문적 소양과 능력을 갖춘 도덕적 관료를 배출하는 것이었다. 세습제 귀족들이 국가를 경영하던 시대에 덕성과 능력을 갖춘 교양인을 배출하여 사회의 지도자를 만들고자 했던 것이다.

공자는 자신이 서른 살이 되어서 섰다[立]고 했다. '섰다'는 말이 추상적이지만 아마 자신의 사명과 책임에 대한 가치관이 확고해졌다는 말일 것이다. 공자는 『논어』에서 사람은 "예를 통해 설 수 있다[立於禮]", "예를 배우지 않으면 설 수 없다[不學禮, 無以立]"라고 하여, 자기를 세우는 데는 '예'가 필요조건임을 주장하였다. 공자는 30세 무렵에 예를 통해 자신을 확립하고, 예의 다스림에 대한 확신을 가지게 되었을 것이다. 그가 35세에 제나라를 방문하여 제나라의 임금인 경공(景公)에게 "임금이 임금답고 신하가 신하다우며 아비가 아비답고 자식이 자식답게 되도록 하는 것[君君, 臣臣, 父父, 子子]"이 정치라고 설파한 것도 예치(禮治)에 대한 피력이다. 임금이 임금다운 것은 행위를 보고 알 수 있다. 그의 행위가 임금의 예에 맞을 때, 백성들은 '우리 임금이 임금답다'고 할 것이다. 이 구절은 흔히들 공자의 정명사상이라고 하는데, 이름을 바르게 한다는 정명(正名)의 이면에는 예가 있는 것이다.

제경공도 꽤 안목이 높은 군주였던 모양이다. 공자의 이 말이 흡족하여 공자에게 벼슬을 주려고 했다. 그러나 당시의 재상 안영(晏嬰)의 반대로 공자는 벼슬에 나가지 못하고 노나라로 돌아왔다. 제나라에서 펼칠 수 있었던 경륜의 기회가 안영으로 인해 좌절된 것이다. 일설에는 제나라에 간 공자가 안영을 찾아가지 않았던 까닭에 안영이 공자의 벼슬길을 방해했다고 한다.

공자는 "마흔 살이 되어서 흔들림이 없게 되었다[不惑]"고 했다. 그간 예의 다스림에 대한 기대가 있었으나, 조국인 노나라도 그를 버렸고 이웃의 제나라도 그를 등용하지 않았다. 공자의 불혹은 좌절된 경륜의 이상 때문에 도달한 결론일 것이다. 자신을 알아주지 않는 시대와 세상에 대한 미련을 버리고자 하였을 것이다. 이 시대에 펼칠 수 없는 그의 이상을 가르침을 통해 후세에 전하고자 했을 것이다. 스승의 길이 자신이 가야 할 길임을 확신하고, 경륜에 대한 미련에 더 이상 집착하지 않게 된 공자, 그것이 아마 불혹의 공자였을 것이다. 이후 10여 년간 공자는 착실하게 제자들을 가르쳤다.

공자는 "쉰 살이 되어서 천명을 알게 되었다[知天命]"고 했다. 공자가 알게 된 천명이 무엇일까? 공자가 50세이던 기원전 502년에 공산불뉴(公山不狃)가 비(費) 지방을 점거하여 계손씨에게 반란을 일으키고 공자를 불렀다. 그 때 공자가 한 말이 의미심장하다. "나를 부르는 자가 공연히 나를 부르겠는가! 만약 나를 등용하는 사람이 있다면 나는 그의 나라를 동쪽의 주나라로 만들 것이다"라고 했다. 공자는 경륜을 펼치고 싶었던 것이다. 그가 50세에 알게 된 천명은 이것이었을 것이다. 40대에 버렸던 경륜의 꿈이지만, 대부인 계손씨를 비롯한 삼환(三桓)이 농단하고 있는 노나라, 그 계손씨의 가신이었던 양호가 발호하여 임금과 삼환을 협박하여 맹서를 맺는 따위의 일들을 두고 볼 수가 없었다. 이 땅에 질서를 세우고 문왕과 주공의 정치를 펼치는 것이 그의 사명임을 자각한 것이다. 그러나 노나라는 그를 등용하지 않았고, 계손씨의 가신이었던 공산불뉴가 그를 불렀던 것이다. 공자는 마음이 흔들렸다. 공산불뉴가 반란을 일으켰다고 하지만 노나라에 대한 반란이 아니라 계손씨에 대한 반발이었고, 계손씨에게는 노나라의 임금을 무시하고 정권을 농단한 참상(僭上)의 혐의가 있었다. 명분에 어긋날 것은 없지만 결국 가지는 않았다.

공자는 51세에 그토록 갈망하던 경륜을 펼칠 기회를 만났다. 노나라 임금 정공(定公)이 공자에게 중도(中都)라는 고을을 맡겼다. 일 년이 되자 사방의 고을들이 모두 중도를 본받고자 하였다. 중도에서 탁월한 치적을 드러낸 공자는 52세에 사공(司空)으로 승진하였고, 다시 대사구(大司寇)로 승진하였다. 사공은 국가의 토목사업을 관장하는 벼슬이고, 사구는 국가의 형옥과 규찰을 관장하는 벼슬인데 모두 장관급 벼슬이다. 사구가 아니라 대사구가 된 것을 보면 사공보다 높은 직급이었을 것이며, 대사구가 되어서는 재상의 일을 겸해서 보았다. 재상이 되지는 못했으나 재상의 일을 대리하게 되었으니 경륜을 펼칠 충분한 기회가 주어진 셈이다. 국정을 맡은 지 석 달이 되자 장사치들이 가격을 속이지 않았고, 길거리의 남녀들이 서로 피해 다녔으며, 사람들이 길에 떨어진 물건을 줍지 않았다. 다른 나라에서 온 나그네들도 관리들에게 부탁할 필요가 없게 되니 고향에 돌아온 듯 했다.

공자가 다스리는 노나라는 하루가 다르게 변해갔고 이웃한 제나라는 위기를 느꼈다. 제나라는 미녀 80명을 선발하여 무늬 있는 옷을 입히고 춤을 익히게 하였다. 이들을 무늬 있는 말 120필과 함께 노나라 임금에게 보냈다. 미인계로 노나라를 혼란에 빠뜨리고자 한 것이다. 공자가 받기를 거부하자 노나라의 성 남쪽 문 앞에 벌려놓았다. 계손씨의 실권자 계환자(季桓子)가 변복하고 다녀와서는 정공에게 함께 가서 노닐기를 청하였다. 정공과 계환자는 종일토록 구경하며 정사를 게을리하였다. 제자 자로(子路)가 "선생님이 떠나실 때가 된 듯합니다" 하였다. 공자는 아쉬웠다. 벼슬이 아쉬운 것이 아니라 주공의 문화를 펼치는 일을 중도에 그만두는 것이 안타까웠다. 미련이 남은 공자는 "노나라에 곧 교제(郊祭)가 있으니 만약 제사에 쓴 고기를 대부들에게 보내오면 아직은 희망이 있다" 하였다. 천지와 산천에 제사를 지낸 뒤에 제육을 대부들에게 보내는 것은 주공이 만든 예였다. 주공의 예가 아직 살아있는 것을 보고 싶었던 것이다. 계환자가 마침내 미녀들을 받아들이고 3일 동안 정사를 돌보지 않았으며, 교제를 지내고도 고기를 대부들에게 보내지 않았다. 공자는 어렵사리 얻은 경륜의 기회를 뒤로 하고 조국 노나라를 떠났다. 이때 공자는 55세였고, 이후 68세에 귀국할 때까지 13년을 유랑하였다.

공자가 유랑하며 거친 나라들은 위(衛), 조(曹), 송(宋), 정(鄭), 진(陳), 채(蔡), 섭(葉), 초(楚) 등이다. 위나라에서는 구금이 되었으며, 송나라에서는 살해의 위협을 받기도 했다. 정나라에서는 '상갓집 개' 같다는 말을 들었고, 진나라에서는 양식이 떨어져 며칠을 굶기도 했다. 어디에도 그를 등용하는 제후는 없었고, 경륜의 기회는 주어지지 않았다. 이런 고초를 겪으며 공자는 점차 달관의 경지에 이르렀다. 그가 "예순 살이 되자 세상의 모든 말들이 귀에 거슬리지 않았다[耳順]"고 한 말이 이런 뜻일 것이다. 공자는 68세이던 기원전 484년에 귀국하였다. 이에 앞서 기원전 492년에 계환자(季桓子)가 죽으면서 아들 계강자(季康子)에게 유언하기를, "지난 날 이 나라가 거의 중흥할 뻔하였으나 내가 공자에게 죄를 지어 중흥하지 못했다. 내가 죽고 나면 너는 틀림없이 노나라의 재상이 될 것이다. 노나라의 재상이 되거든 반드시 공자를 불러라" 하였다. 이로부터 8년이 지난 이 때에 계강자가 폐백을 갖추어 공자를 불렀다.

그러나 공자는 이미 68세의 노인이었다. 때때로 당시의 임금 애공(哀公)의 자문에 응할 뿐 국정에 참여하지는 못했다. 이미 많은 제자들이 죽었다. 늦게 입문한 제자들을 가르치며 고 대로부터 내려오던 문헌을 정리했다. 『시경』과 『서경』을 정리 하고, 노나라에 역사책 『춘추』도 새롭게 저술했다. 예에 대한 기록들을 손질하고 자신의 견해를 덧붙였다. 『역경』은 늘 옆 에 두고 보면서 제자들에게 해설해 주었다. 그는 스스로 "일흔 살이 되자 마음이 하고자 하는 바대로 하여도 법도에 어긋나 지 않았다[從心所欲不踰矩]"고 했다. 도덕률과 하나가 된 성인의 경지에 올라 있었던 것이다.

공자는 귀국한 지 5년 뒤인 73세 여름에 죽었다. 기원전 479 년이었다. 애공은 조사를 지어 진심으로 슬퍼했다. "하늘은 나 를 불쌍히 여기지 않는구나. 이 노인 한 사람마저 나에게 남겨 주지 않도다. 나를 도와 군주 자리에 있게 하지 않는구나. 외 로운 나는 병중에 있는 듯 하도다. 아! 슬프구나! 공자여! 나는 어찌 할 줄을 모르겠도다"라고 하였다. 노나라 수도 북쪽 사수 (泗水) 언덕에 묻혔으니, 지금의 곡부시 공림(孔林)이다. 제자들 은 3년 동안 그의 무덤을 지켰다. 3년 뒤에 제자들은 흩어졌으 나 스승이 몹시도 그리웠던 자공(子貢)은 3년을 더 시묘하였다. 공자가 죽었을 때 42세였던 자공은 스승의 무덤을 지키며 40 대를 보낸 것이다. 얼마나 사무쳤으면 그랬을까? 공자가 어떤 사람이기에 제자들은 공자를 잊을 수 없었던 것일까? 맹자는 공자를 평가하여 성인이시면서 때에 맞게 행동하신 분이라고 하였고, 집대성하신 분이라고도 했다. 주어진 상황에서 최선의

• 공자의 묘소

행위를 했던 분이며, 모든 성인들의 장점을 모아서 완성한 분
이라는 말이다. 왕조마다 공자를 끊임없이 높이다가 원나라에
서는 공자를 '대성지성문선왕(大成至聖文宣王)'으로 추봉하였다.
'위대한 완성자, 지극한 성인, 인문적인 가르침을 펼치신 왕'이
라는 말이다. 공자는 살아서는 왕이 될 수 없었지만, 후세사람
들의 마음속에서 그는 진정한 왕이었던 것이다. 이상적인 대
인인 것이다.

『논어』는 그리움의 책이다. 스승이 죽고 나서도 그 곁을 떠

나지 못했던 제자들이 사무치는 그리움으로 만든 책이다. 제자들은 스승의 말씀 한 마디, 일상의 행위 하나라도 사라지게 하고 싶지 않았다. 각자가 기록해 두었던 말씀들과 각자가 보았던 선생의 모습들을 모았다. 선생의 말씀들은 1편부터 9편까지로 나누어 수록하고 제10편 「향당(鄕黨)」편에는 행동하신 모습들을 수록했다. 그래서 언행록이다. 그러나 편집을 마친 뒤에도 새로운 기록들이 나오곤 했다. 그 사이에 어떤 제자들은 죽고, 제자의 제자들이 이 작업에 참여하기도 했다. 편집이 끝난 자료들을 풀어헤쳐 재편집하기 보다는 새로 발견된 자료들을 기존 자료에 첨부하는 방식을 취하기로 했다. 그래서 11편부터 19편까지 새로 발견한 말씀들을 첨부하고 마지막편인 제20편 「요왈(堯曰)」편에는 공자가 소중하게 여겼던 고대 성왕들의 말씀들도 적어 두었다. 제자의 제자들은 자기 스승의 의미 있는 말씀들도 끼워 넣었다. 이렇게 만들어진 책이 『논어』 20편이다. 아마 『논어』는 춘추말기부터 편찬에 착수하여 전국시대에 완성되었을 것이다.

『논어』는 날것이다. 익히지 않은 책이다. 도대체 정돈된 느낌이 없다. 앞에서 나온 말이 뒤에서 또 나오기도 하고, 장과 장 사이의 의미가 연결되지 않는다. 각 편의 제목도 그냥 앞에 나오는 두세 글자를 따서 붙였고, 각 편을 나눈 기준이 무엇인지도 알 수 없다. 그냥 발견되는 대로 적당한 분량으로 나누어 편집한 것처럼 보인다. 『논어』를 중국어로는 lúnyǔ라고 읽는다. '論'자를 2성으로 발음하는 것이다. 논어라는 책이름을 제외하고 '論'자는 4성으로 발음한다. 2성으로 발음하는 것은 '倫'의 뜻으로 본 것이다. 그래서 후한의 훈고학자 유희(劉熙)는 그의 저서『석명(釋名)』에서, "논은 질서이니 조리가 있다는 말이다"라고 했다. 그러나 이 책에는 전혀 질서가 없다. 차라리 윤리적인 말씀이라고 하면 수긍할 수 있겠으나, 책의 체제가 조리하고는 거리가 먼 것이다. 그러나 그래서 소중하다. 책의 체제가 조리가 없다는 것은 제자들의 그리움이 날것으로 묻어 있는 가공되지 않은 1차자료라는 말이기 때문이다. 공자를 이해하는 데 이보다 더 소중한 책은 없다.

『논어』는 스토리가 있는 책이 아니다. 단편적인 말씀들이 나열되어 있다. 재미를 기대하고 읽으면 절대 완독할 수 없다. 어떤 이유 때문에 꼭 읽어야 한다면 하루 저녁에도 다 읽을 수 있는 분량이지만 그렇게 읽으면 안 된다. 한 말씀 한 말씀을 가슴으로 곱씹으며 읽어야 한다. 인류사에서 가장 위대했던 교육자이며, 사상가, 정치가, 학자였던 완벽한 한 인간의 인생이 담겨있고, 그를 사무치게 그리워했던 제자들이 마음이 담겨있기 때문이다. 위대한 말씀도 인연이 닿아야 내 것이 되기에, 독자 모두는 아니지만 인연 닿는 사람들에게는 인생을 바꿀 수도 있는 말씀들이 담겨있기 때문이다. 『논어』는 아무리 많이 읽어도 부족하다. 읽는 시기에 따라 맛이 다르기 때문이다. 같은 구절도 10대에 읽을 때와 40대에 읽을 때에 느낌이

다르고, 울림이 다르다. 그래서 『논어』는 깊다. 『논어』 20편 498장은 인류사에 길이 남을 위대한 유산이다.

4. 공자를 배우는 법 - 『맹자』 이야기

『맹자』는 전국시대 중엽에 살았던 사람 맹가(孟軻 : BC 385~ BC 304)의 언행록이다. 맹자라고 높여 부르는 맹가의 언행 사이사이에 그 당시 사람들이나 제자들이 서로 문답한 내용도 섞여있다. 주자는 『논어』를 읽고 난 뒤에는 『맹자』를 읽으라고 했다. 공자를 제대로 배운 사람을 만나보라는 말일 것이다. 맹자는 공자배우기가 소원이었던[乃所願, 則學孔子也] 사람이다. 맹자는 그 소원을 이루어 후일 공자에 버금가는 성인[亞聖]으로 인정받았다.

맹자는 공자가 죽고 난 뒤 거의 100년 뒤에 추(鄒)나라에서 태어났다. 추나라는 지금의 산동성 추성(鄒城)과 그 부근지역을 포함하는 노나라의 부용국이었다. 기본적으로 노나라의 정치와 문화의 영향권 아래에 있던 나라였으므로 맹자는 어려서부터 공자에 대한 이야기를 많이 들었을 것이다. 그가 노나라 삼환의 일원이었던 맹손씨(孟孫氏)의 후예라고 하지만 근거가 없고, 부모가 어떤 사람인지도 분명치 않다. 다만 그의 어머니가 그를 교육한 일화들은 많이 전하고 있다. 저 유명한 맹모삼천지교(孟母三遷之敎)를 비롯하여, 맹자가 공부를 중도에 그만두고 돌아오자 베틀에서 짜고 있던 베를 잘라 교훈을 주었다거나, 이웃집에서 돼지 잡는

• 맹자

것을 보고 온 맹자에게 "너 줄려고 잡는다"고 희언을 했다가 아이를 속일 수 없다고 하여 돼지고기를 사왔던 이야기들이다. 맹자의 어머니가 아들을 큰 인물로 만들기 위해 각별한 정성을 쏟았던 것만은 틀림없을 사실일 것이다.

어떤 기록들은 맹자가 공자의 손자인 자사(子思)에게 배웠다고 하는데, 나이가 맞지 않는다. 또 어떤 책에는 자사의 아들에게 배웠다고 하지만 믿을 수 없는 책의 말이니, 우리는 맹자가 직접 한 말을 들어볼 수밖에 없다. "나는 공자의 학도가 될 수는 없었지만, 나는 개인적으로 다른 사람에게서 공자의 가르침을 전해 받을 수 있었다"고 하였다. 공자의 학통선상에 있는 사람에게 배운 것은 분명하지만, 그가 누구인지 밝히지 않은 것을 보면 그리 유명한 사람은 아니었을 것이다. 사마천은 맹자의 열전에서 맹자가 자사의 제자에게 배웠다고 했는데,

아마 맞는 말일 것이다. 순자(荀子)는 이전의 학자들을 비판하면서 항상 자사와 맹자를 함께 묶어 말하였는데, "자사가 주장하면, 맹가가 화답하였다[子思唱之, 孟軻和之]"고 했다. 맹자의 학설이 자사에게서 나왔다는 말이다. 순자는 맹자가 살아있을 때 태어난 사람이므로 그가 자사와 맹자를 세트로 묶은 것을 보면 맹자가 자사 계열의 학자인 것은 분명하다.

맹자도 공자처럼 여러 나라들을 다니며 자신의 경륜이 쓰이기를 기대했다. 제나라에 가서 위왕(威王)을 만나고, 송나라에 가서 송왕 언(偃)을 만났으며, 송나라를 지나다니던 등나라의 세자[滕文公]를 두 차례 만나 가르침을 주기도 했다. 다시 추나라로 돌아와 목공(穆公)과 문답하였고, 노나라로 갔으나 임금을 만나지는 못했다. 등문공이 임금이 되자 등나라로 가서 다시 그를 만났고, 이웃한 설(薛)나라도 방문했다. 위나라로 가서 양혜왕(梁惠王)을 만나고, 다시 제나라로 가서 선왕(宣王)을 만났다. 그러나 어떤 제후도 그를 등용하지 않았다. 두 번째로 제나라에 갔을 때 제선왕은 그를 객경(客卿)으로 예우하였으나 자문역일 뿐 정사에 참여시킨 것은 아니었다.

대체로 여러 제후들은 그를 우활(迂闊)하다고 여겼다. 세상물정에 어둡다는 말이다. 제후들끼리 패권을 다투는 패도의 시기에 요순을 이야기하며 왕도를 역설하고 있으니 등용하고 싶지 않았을 것이다. 그는 공자를 배워 공자처럼 열국을 주유하였으나, 역시 공자처럼 등용되지 못했던 것이다. 『사기』의 「맹자열전」에는, 만년에 고국으로 돌아와 제자인 만장(萬章) 등과 함께『시경』과『서경』을 정리하고 공자의 뜻을 계승하여『맹자』7편을 저술했다고 했다. 이 역시 귀국하여 만년에 문헌정리와 저술에 힘쓰던 공자의 모습과 비슷하다.

오늘날 남아 있는『맹자』는 14편인데 후한의 조기(趙岐)가 7편을 각각 상하로 나눈 것이다. 사마천은 맹자와 만장을 비롯한 제자들과의 합작품인 듯이 말하고 있지만 다른 견해도 있다. 맹자 자신이 저술한 것이라는 견해와 맹자가 죽은 뒤에 맹자의 제자들이 저술한 것이라는 견해이다. 특히 남송의 주자는『맹자』의 문장 풍격과 체제가 일관됨을 이유로 맹자 자신의 저술이라고 주장하였고, 북송의 조공무(晁公武)는 맹자가 만난 제후들이 사후에나 정해졌을 시호로 언급되는 점을 들어 제자들의 기록이라고 하였다. 사마천의 주장은 이 둘을 절충한 것인데, 아마 맹자도 일정부분 기록을 하고, 제자들이 그의 생전과 사후에 보완하고 수정했을 것이다. 맹자는「양혜왕(梁惠王)」,「공손추(公孫丑)」,「등문공(滕文公)」,「이루(離婁)」,「만장(萬章)」,「고자(告子)」,「진심(盡心)」의 7편 이외에도「성선변(性善辨)」,「문설(文說)」,「효경(孝經)」,「위정(爲政)」 등의 4편이 더 있다.『맹자외서(孟子外書)』라는 이름으로 묶여 전하고 있는데 후대의 위작임이 정설이다.

『맹자』는 체제면에서『논어』와 몹시 닮았다. 언행을 단편적으로 모아 놓은 점이 그러하고, 의미 없는 두세 글자로 편의

제목을 삼은 것이 그러하다. 장과 장이 논리적 연관성이 없는
점이 닮았고, 마지막 편에 고대 성왕들을 언급한 점도 닮았다.
그러므로 『맹자』는 공자를 배우고자 한 맹자의 의지가 반영된
책이라고 해야 할 것이다. 특히 마지막 편인 「진심」편의 마지
막 장에서 요(堯), 순(舜), 탕(湯), 문왕(文王), 공자(孔子)를 언급하여
도통(道統)을 암시하고, 공자 이후에 끊어진 도통을 탄식하면서
자신을 은근히 드러내고 있으니 자신이야말로 공자의 적통이
라고 생각한 것이다. 그는 공자가 주장한 인(仁)을 계승하여 인
의(仁義)를 말하였고, 공자의 "사람들은 본성이 비슷하다[性相
近]"고 한 주장을 계승하여 "본성은 착하다[性善]"고 하였으니
그가 공자의 적통이라고 말할 수도 있을 것이다.

그러나 맹자가 공자의 적통이 된 것은 송대 유학자들의 공
이 크다. 공자가 죽고 난 뒤 유학은 여러 갈래로 나뉘어졌으
나, 대체로 맹자와 순자의 양대파로 정리되었다. 여러 면에서
이 두 사람은 대척점에 서 있으며, 공통적으로 자신을 공자의
적통으로 인식하고 있었다. 순자가 어렸을 때 맹자가 죽었기
때문에 맹자는 순자를 비판할 수 없었지만, 순자는 자사와 맹
자를 극렬하게 비판하였다. 순자는 자사와 맹자의 사맹학파(思
孟學派)만 비판한 것이 아니라, 자장학파(子張學派)와 자하학파(子
夏學派), 자유학파(子游學派)를 싸잡아 '싸구려 유학자[賤儒]'라고
비판하였다. 사맹학파의 뿌리인 증자를 비판하지 않은 것은
이상하지만 공자 문하에서 학파를 형성한 제자들은 거의 모두

가 비판의 대상이었다. 순자가 이렇게 유학의 다른 학파들을 비판한 것은 정통성 문제와 관계있을 것이다. 그는 공자와 자궁(子弓)을 성인이라고 하면서 최고의 찬사를 보내고 있는데, 자궁이 누구인지 알 수 없으나 공자와 순자를 연결하는 매개적인 인물일 것이다. 자신이 자궁을 통해 공자를 계승한 적통임을 주장하기 위해 다른 학파를 비판했을 것이다.

공자의 정통성을 확보하기 위해 순자는 공자의 예(禮)를 확장하여 성악설을 주장한다. 뒤에서 원문을 소개하면서 언급할 것이지만 공자의 사상은 인과 예를 두 축으로 한다. 여기서 순자는 예의 축을 잡고 인간의 본성은 악하기 때문에 예를 가르쳐 규제하도록 해야 한다는 사상의 줄기를 확립한다. 공자가 "사람들은 본성이 비슷하다"고 한 그 본성을 악으로 설정한 것이다. 공자는 분명하게 말하지는 않았지만 인을 선험적인 것으로 보았을 가능성이 크다. "인을 실천하는 것은 자기로부터 말미암는 것이니, 남으로부터 말미암을 것인가[爲仁由己, 而由人乎]"라는 공자의 말은 대체로 인이 나에게 내재되어 있다는 인식을 한 것으로 보인다. 그러므로 순자는 인을 버리고 예를 취한 것이다. 인을 취하면 성악설이 성립되기 어렵기 때문이다. 순자가 굳이 성악을 이야기하고 싶었던 것은 사상의 선명성 때문일 것이다. 유학의 체계는 기본적으로 인간에 대한 신뢰를 바탕으로 하는데, 순자는 이를 부정함으로써 선명성의 기치를 내걸고 다른 학파들과 일전을 불사하고자 한 것이다.

그 싸움을 통해 공자의 적통이 되고 싶었겠지만 결과는 참패였다.

맹자는 공자 사상의 두 축 가운데 인을 바탕으로 하여 성선설을 주장했다. 말만 하면 요순을 이야기하면서[言必稱堯舜], 인간의 본성이 선한 것임을 증명하고자 했다. 한나라 때부터 이미 학자들은 성악설을 주장한 순자를 돌아보지 않고 맹자의 성선설에 동의했다. 순자의 문하에서 법가의 인물 한비자와 이사가 배출된 사실도 크게 작용했을 것이다. 당나라 때 양경(楊倞)이 처음으로 『순자』에 주석을 달고 난 뒤에도 사람들은 『순자』를 읽지 않다가 청나라에 와서야 고증학의 분위기 속에서 겨우 연구가 되기 시작했다. 특히 송대의 성리학에는 순자가 설 곳이 없다. 성리학은 성선설을 기반으로 하기 때문이다. 성선설을 부정하면 『중용』이 쓸데없는 책이 되어버리고, 태극과 이기의 이론을 비롯하여 심성론과 수양론이 모두 근거가 없어져 버린다. 송나라의 유학자들은 공자→증자→자사→맹자로 내려오는 학통을 정통으로 인정하였고, 주자는 『논어』, 『대학』, 『중용』, 『맹자』를 이들과 관련된 저술로 확정하여 『사서』를 만들었다. 맹자의 지위가 반석에 올라앉게 된 것이다.

『맹자』는 문장이 평이하고 생동감이 있다. 각 장들은 『논어』의 경구식의 짤막한 체제와는 달리 언행의 전말을 서술하여 스토리가 있다. 글쓰기도 세련되어 모범적인 문장이 많기 때문에 특히 우리나라에서는 글쓰기를 훈련하는 책으로 활용했

다. "맹자를 삼천 번 읽으면 문리 터지는 소리가 들린다"는 말
이 이런 뜻이다. 순자는 차분한 학자형의 인물로 논문 쓰듯이
글을 써 지루한 감이 있지만, 『맹자』에는 도도한 기세로 독자
를 압도하는 웅장한 맛이 있다.

5. 하늘과 인간 - 『중용』 이야기

　주자는 『논어』와 『맹자』를 읽고 난 뒤 마지막으로 『중용』을
읽으라고 했다. 성리학의 마지막 교과서 『중용』에는 '공문심법
지요(孔門心法之要)'라고 하는 유학의 가장 심오한 이론이 내재되
어 있기 때문이다. 공자 문하에서 스승과 제자가 마음과 마음
으로 주고받은 진리는 무엇일까?

　『중용』은 공자의 손자인 자사가 지었다고 한다. 사마천은
공자의 전기인 『사기·공자세가』에서 "자사가 『중용』을 지었
다"고 하였다. 아마 이 문장 때문에 한나라의 학자들이 『중용』
을 중시하였는지 모른다. 현존하는 중국 최초의 도서목록인
『한서(漢書)』의 「예문지(藝文志)」에 『중용설(中庸說)』 2편을 적어두
었으니, 한나라 때 이미 '중용'을 다룬 책이 있었다. 그러나 누
가 지은 어떤 책인지 알 수 없고, 다만 『예기』의 「중용」편과
관련이 있을 것이라는 추측만 가능하다. 「예문지」에는 또 『자

사(子思)』 23편이라는 책 이름을 적어두고 있다. 그러나 자사가 공자의 손자 자사인지 혹은 다른 사람인지도 분명하지 않고, 공자의 손자라고 하더라도, 그 23편 가운데『중용』의 내용이 포함되어 있는지 알 수 없다.『중용』의 자사저작설(子思著作說)은 사마천 뿐만 아니라 후한의 거유 정현(鄭玄)과 당나라의 공영달도 인정하였으며, 이런 근거들을 바탕으로 주자는『중용』의 내용을 분석하여 자사가 지었음을 확정했다.

주자가『중용』을 자사가 지었다고 말한 뒤로 몇 백 년 동안 아무도 이의를 제기하지 않다가, 청대에 고증학자들 가운데 의심하는 사람들이 간혹 나오게 되었다. 현대의 연구자들 가운데도『중용』의 내용과 문체를 분석하여 자사의 저술일 수 없다고 주장하며 성립시

● 자사

기를 한나라 초기까지 내려 잡는 사람도 있다. 그러나 위에서 언급한 여러 정황들로 미루어『중용』이라는 책이 전체적으로 자사의 영향권 안에서 이루어진 것은 인정할 수 있을 것이다.

자사의 생애에 대한 기록은 거의 없다. 공자의 손자로 성명은 공급(孔伋)이며, 공자가 살아 있을 때 태어나 증자에게 배웠

다고 한다. 노나라 목공(繆公)을 포함한 많은 제자가 있었으며, 『한비자(韓非子)』가 공자 사후의 8개 학파에 자사의 학파를 언급한 점 등으로 보아 자사가 당시 영향력 있는 학자였음을 짐작할 수 있다. 앞에서 살펴본 바처럼 『순자』에는 자사와 맹자의 학문을 동일한 경향으로 간주하여 비판한 내용이 있고, 『중용』과 『맹자』의 사상적 유사성 등으로 인해 현대의 연구자들은 사맹학파(思孟學派)라는 용어를 사용하고 있다. 공자의 9대손 공부(孔鮒)가 가문에서 전해 오는 이야기들을 모아서 저술하였다고 하는 『공총자(孔叢子)』에 자사와 관련된 일화들이 있지만, 이 책이 위서라는 것이 정설이기 때문에 믿기 어렵다.

『중용』은 어렵다. 공자조차도 말하기를 꺼려하였던 형이상학적인 문제들이 논의의 중심에 있기 때문이다. 그래서 주자도 "초학자들은 이해할 수 없다"거나, "『중용』은 보기 어렵다. …… 도대체 이해할 수가 없다"는 말들을 한다. 그리고는 『사서』 가운데 마지막에 읽기를 권유하였다. 이런 난해함 때문에 유가들은 오히려 『중용』이 유학의 근본이념을 설파한 책이라고 생각하였고, 그 요체를 깨닫기 위해 열심히 읽고 사색하였다. 그러나 그 난해함도 곁가지를 쳐내고 나서 줄기를 자세히 살펴보면 어렴풋한 형상이 보이게 되고, 여기서 다시 곁가지를 붙여서 바라보면 우뚝 선 나무 한 그루가 보일 수도 있을 것이다. 이 과정을 거치는 동안 주자의 『중용장구』를 돌보기로 활용하면 줄기와 가지가 더욱 명료해 질 것이다.

'중용'의 '중'은 극(極)이다. 적당한 중간이 아니라, 지나침도 없고 모자람도 없는 최선이다. 그러므로 중의 행위는 더 이상 완벽할 수 없는 지극한 행위이다. '용'은 상(常)이다. 평범하다는 말이며 평범하기 때문에 바뀌지 않는 가치라는 말이다. 또한 진리는 고원한 곳에 있는 것이 아니라 평범한 일상에 있다는 말이기도 하다. 종합하면 '중용'은 일상 속에 있는 불변의 지극한 진리라는 뜻이 될 것이다. 이것을 현대식으로 표현하면 보편적 가치쯤 될 것이다. 그러므로 중용을 실천한다는 말은 매사를 보편적 가치에 적합하도록 처리한다는 말이다. 말은 쉽지만 실천하기는 정말 어려운 일이다. 언제나 어떤 일에서나 보편적 가치에 위배되지 않게 행위한다면 아마 그는 완벽한 사람일 것이다. 유가는 완벽한 사람을 성인이라고 한다. 그러므로 중용의 일상화는 성인되는 길이다.

성인은 부부 사이에서부터 나라를 다스리는 일까지 보편적 가치에 위배되지 않는 최선의 행위를 하는 사람이다. 평범한 우리네의 일상들은 그렇지 못하다. 부부는 너무 가깝기 때문에 소홀하기 쉽고, 국가의 경영은 너무 큰 일이기 때문에 완벽하기가 어렵다. 『중용』에는 이 어려운 중용을 너끈히 실천한 성인들을 소개하고 있다. 순(舜)임금과 문왕(文王)과 무왕(武王)과 주공(周公) 같은 사람들이다. 그들은 가정의 효(孝)에서부터 국가의 경영에까지 모자라거나 지나침이 없었던 사람들이라고 한다. 『중용』은 사람들에게 그들처럼 성인이 되라고 한다.

성인이 되기 위해서는 보편적 가치가 무엇인지를 알아야 한다. 알아야 실천하기 때문이다. 어떻게 알 수 있는가? 나의 진실함으로 알 수 있다. 나의 거짓 없음으로 알 수 있다. 나는 하늘로부터 거짓 없는 본성을 받아서 태어났다. 맹자의 성선설과 같은 논리이다. 그러므로 나의 진실한 본성의 눈으로 보면 무엇이 보편적 가치인지를 알 수 있다. 부모에게 지나침도 모자람도 없는 효도를 하는 것이 보편적 가치라는 것을 알 수 있고, 어떻게 하는 것이 모자람도 지나침도 없는 효인가를 알 수 있는 것이다. 그래서 그 본성을 따라 효를 실천하면 그것이 중용이며 그것이 길[道]이다. 그러나 우리는 보편적 가치를 자신의 편의대로 설정하여 행동하기도 하고, 때로는 보편적 가치를 알면서도 나의 기질에서 온 이기심 때문에 외면하기도 한다. 나의 마음에 거짓이 끼어들었기 때문이다. 그러므로 나의 내면이 항상 진실로 충만하도록 해야 하며, 그래서 상황에 따라 항상 진실이 드러나도록 해야 한다. 이 진실을 『중용』은 '성(誠)'이라고 하였다.

하늘은 어떻게 나에게 거짓 없는 본성을 줄 수 있었는가? 하늘이 거짓 없기 때문이다. 봄이 가면 여름이 오고 여름이 가면 가을이 온다. 가을과 겨울이 그렇게 가고 나면 다시 봄이 찾아온다. 봄이 되면 꽃이 피고 여름이 되면 녹음이 무성하고 가을이 되면 낙엽이 지고 겨울이 되면 만물이 움츠린다. 해와 달이 교차하고 밤과 낮이 갈마든다. 자연의 순환은 이처럼 성실하고 진실하다. 이 자연의 순환이 바로 하늘이 가는 길[天道]이다. 그러므로 하늘은 인간에게도 이 거짓 없는 진실한 본성을 준 것이다. 인간은 하늘이 준 이 거짓 없는 본성을 지켜나가기 위해 노력해야 한다. 『중용』은 인간의 이러한 노력을 '성지(誠之)'라고 하고 이것을 사람이 가야할 당위의 길[人道]이라고 한다. 이 길을 가지 않으면 사람이 아닌 것이다.

이 길의 출발점이 어디인가? 신독(愼獨)이다. 나는 나의 마음 자리에 있는 거짓을 안다. 그러나 그것을 드러내지 않는다. 부끄럽기 때문이다. 저 물건이 나의 것이 아니지만 때로는 탐이 난다. 그러나 가져오지는 않는다. 사람들은 그를 정직한 사람이라고 한다. 그러나 한 순간 일어났던 탐욕의 마음을 사람들은 모르지만 나는 안다. 나는 마음과 다른 행동을 한 것이다. 거짓이다. 이 나만이 아는 마음속의 거짓을 없애는 것이 신독이다. 여기서 『중용』은 『대학』과 만난다. 『대학』에서도 성의(誠意)를 이야기하면서 신독을 말하고 있기 때문이다. 그러므로 선비가 되려면 『대학』으로 들어가서 『중용』으로 나와야 하고, 들어갈 때 만난 신독을 나올 때 다시 만나야 한다. 신독은 선비됨의 시작이자 끝이다.

그러나 신독을 통한 성지(誠之)는 어렵다. 그러므로 노력해야 한다. 배우고 묻고 사색하고 분변하고 실천해야 한다. 우둔한 자라 하더라도, 남이 한 번을 할 때 나는 백 번을 하고 남이 열 번을 할 때 나는 천 번을 하면 된다. 이 노력의 끝은 어디인가? 성인이다. 그래서 노력하면 사람마다 모두 성인이 될 수 있고, 이 성인들이 넘쳐나는 세상이 『중용』이 꿈꾸는 유토피아다.

이것이 아마 『중용』의 줄기일 것이다. 이 줄기를 보여주기 위해 『중용』은 하늘과 인간을 이야기하고, 도(道)를 이야기하고, 성(誠)을 이야기하고, 성인(聖人)을 이야기한다. 그래서 어려워 보인다. 그 곁가지에서 귀신도 이야기하고, 정치의 방법도 이야기하고, 종묘의 예법도 이야기하고, 사람이 살아가는 도리도 이야기하였다.

들어가서, 그 둘째 이야기

1. 『오경』 이야기

본서가 편의상 『사서삼경』을 다루기로 하였지만, 기실 『오경』에서 『춘추』와 『예기』를 분리해서는 경학을 말하기 어렵다. 이 5종의 책은 늘 세트로 묶여서 경학의 역사를 엮어왔기 때문이다. 이제 경의 개략을 말하는 이 단락에서는 『오경』을 함께 설명하기로 한다.

『사서』가 주자의 텍스트라면, 『오경』은 공자의 텍스트다. 춘추와 전국의 제자백가들이 각자의 사상을 세상에 내놓을 때, 입론의 근거로 『시경』과 『서경』을 이야기하고 있는 것을 보면 이것들은 어느 일가의 텍스트는 아니었다. 어떤 사상가라도 보고 말할 수 있는 고대문헌이었던 것이다. 그러나 공자가 이것들을 손질하고 정리하여 『오경』의 원형을 만든 까닭으로 이 책들은 오늘날 유가의 경전으로 인식되고 있다. 아울러 이 고대문헌들의 지향점을 가장 잘 발휘한 것이 유가이기 때문에 『오경』이 유가의 경전이 된 것은 당연한 일이기도 했다.

『시경』에 실린 시 305편은 대략 주나라 초기인 기원전 11세기부터 공자가 태어나기 직전인 기원전 6세기까지의 시들이다. 사마천은 원래 3,000여 편이었던 시를 공자가 10분의 1로 정리하였다고 하였으나 믿기 어렵다. 그러나 사마천의 언급이 완전한 사실은 아니더라도 공자가 『논어』에서, "내가 위나라에서 노나라에 돌아온 뒤에 음악이 바르게 되었고, 아(雅)와 송(頌)이 제자리를 얻었다"고 한 것을 보면 어떤 형태로든 공자가 『시경』을 정리하는 과정은 있었을 것이다. 아와 송은 『시경』의 일부이다.

『서경』에는 전설적인 군주 요임금부터 춘추시대 진(秦)나라 목공(穆公)까지의 사적이 실려 있는데 진목공은 대략 공자보다 1세기 전 사람이다. 사마천은 공자가 『서경』을 정리했다고 했고, 『한서·예문지』에서 반고(班固)는 공자가 『서경』을 편찬했다고 하였으니, 아마 고대로부터 내려오던 역사 문헌들이 공자의 손길을 거친 것은 분명해 보인다.

『주역』이라고도 하는 『역경』은 공자가 만년에 특히 좋아했던 책이다. 『논어』와 『사기』에 그러한 기록이 보이고, 1973년에 호남성 장사(長沙)의 마왕퇴(馬王堆) 한묘(漢墓)에서 발굴된 『백서주역(帛書周易)』의 부록에는 "공자께서는 늙어서 『주역』을 좋아하셔서, 집에 계실 때는 자리에 두고 보시고 길을 나설 때는 주머니에 넣어 다니셨다"고 했다. 현존하는 『역경』의 부록인 「십익(十翼)」에는 공자의 말씀들이 많이 실려 있다.

『춘추』는 공자가 편찬한 노나라 242년간(BC 722~BC 481)의 역사 기록이다. 다만 공자가 처음 『춘추』라는 명칭의 역사서를 집필한 것이 아니라, 기존에 있었던 노나라의 역사 기록인 『춘추』를 일정한 기준으로 다시 정리한 것으로 알려져 있다. 역사적인 사실을 연대별로 짧게 표현하였는데, 후대의 학자들은 공자가 용어를 신중하게 사용하고 엄격한 기준을 가지고 서술하여 완곡한 언어 속에 유가의 큰 이념을 담아두었다고 생각했다. 이른바 미언대의(微言大義)라는 것인데, 후대의 『춘추』 연구는 이 미언대의를 드러내는 데 초점이 맞추어졌다.

『예기』는 유가의 중요이념인 예(禮)의 이론과 실제에 대한 모음집이다. 이 예들은 앞에서 살펴본 것처럼 대체로 주나라 초기에 주공이 제정한 것들을 공자가 이론적으로 체계화한 것이다. 예는 공자학단의 핵심적인 교육내용이었으나 교육의 과정에서 어떤 교재를 사용하였는지는 알 수 없다. 이러한 예와 관련된 내용들을 한나라에서 정리한 것이 오늘날의 『예기』다. 비록 예기가 한나라에서 편집되었다 하더라도 공자의 예에 대한 입장과 이론을 잘 간직하고 있는 책인 것은 분명하다.

이처럼 공자와 깊은 관련을 가진 『오경』은 공자가 죽은 지 266년 뒤인 기원전 213년에 사라지는 불행을 겪어야 했다. 진시황이 승상 이사의 건의를 받아들여 분서(焚書)를 단행한 것이다. 의약(醫藥)과 복서(卜筮)와 종수(種樹)의 책을 제외한 모든 책을 불태우고, 『시(詩)』, 『서(書)』를 이야기하는 자는 저자에서 목을 베고, 옛 것을 들어 지금을 비판하는 자들은 멸족시키도록 했다. 여기서 공자의 경학은 무너졌다. 역사적으로 문자옥이 많았으나 이때처럼 가혹한 경우는 없었다.

분서로부터 불과 7년 뒤인 기원전 206년에 한나라가 건국되었으나 진나라의 분서가 혹독하여 완전한 『오경』을 찾기 힘들었다. 조정은 남은 서적들을 모아 어렵사리 『오경』을 복원하고 박사를 임명하여 제자들을 가르치게 했다. 2대 황제인 혜제 때 진시황이 책의 소장을 금지했던 법령을 공식적으로 폐지하였고, 문제와 경제 때는 일부의 경전에 박사를 임명하였으며, 무제 때에 이르러 『오경』에 모두 박사를 두었다. 이때에 박사들이 가르친 『오경』은 한나라의 문자인 예서로 적은 것들이었으니, '지금의 문자'로 된 경전이란 뜻으로 금문경(今文經)이라고 불렀다. 『오경』에 박사가 설립되고 난 뒤에도 여러 경로로 통행본과 차이를 보이는 경전들이 발견되곤 했는데 대표적인 것인 공자의 옛집 벽에서 나온 공벽서(孔壁書)이다. 새롭게 발견된 이 책들은 예서 이전의 고문자로 기록되어 있으므로 고문경(古文經)이라고 한다. 금문경의 박사들은 이 고문경의 출현을 몹시 싫어했다. 그들이 이미 그들의 경전으로 학생을 가르치며 녹봉을 받고 있는데, 고문경이 진본이라면 박사 자리를 내놓아야 할 형편이었다. 더구나 고문경에는 더러 위조된 내용들이 있기도 하였으니 금문박사들이 고문경을 부정한 것이 터무니없는 것만은 아니었다. 이렇게 야기된 경학상의 논쟁이 바로 금고문경 논쟁이다.

서한 시기에는 조정의 박사들을 중심으로 하는 관학파가 우세하여 대체로 금문경이 진본임을 인정하는 분위기였으나, 동한에 와서 마융(馬融)과 정현(鄭玄)을 비롯한 재야의 학자들이 고문경의 진실성에도 주목하였다. 결국 이 시기 최고의 학자였던 정현이 금문경과 고문경의 장점을 통합하여 각 경전들에 주석을 달면서 이 문제는 일단락되었다. 그러나 당나라에서도 각 경전들의 문장이 판본마다 약간의 차이가 있어 학습에 어려움이 많았다. 당태종은 저명한 경학자 안사고(顏師古)에게 이런 차이들을 비교하여 정문(正文)을 확정하게 하였고, 이렇게 확정된 정문을 바탕으로 공영달은 『오경정의(五經正義)』를 편찬하였다. 공영달의 『오경정의』는 경전주석사에서도 중요한 저작이지만 오경 경문의 확정이라는 경학사적 의의도 큰 책이다.

그러므로 오늘날 우리가 보고 있는 『오경』은 공자의 『오경』이 아니다. 공자의 『오경』은 진시황의 분서로 사라졌다. 한나라에서 금고문 논쟁을 거친 뒤 정현이 확정한 『오경』이 대체로 오늘날 우리가 보는 『오경』이며, 경문의 미세한 차이들은 당나라에 와서야 최종적으로 확정되었다. 그렇다고 하여 현재의 『오경』이 공자의 『오경』과 판이한 것은 아니다. 수백 년에 걸친 '진본찾기' 과정을 거쳐 확정된 것인 만큼 신뢰해도 좋을 것이다. 그러나 이제는 알 수 없지만 틀림없이 차이는 있을 것이다.

2. 감성의 울림 - 『시경』 이야기

『시경』은 중국 고대의 시가집이다. 주나라 초기인 기원전 11세기 무렵부터 춘추시대 중기인 기원전 6세기 무렵까지 약 500년 동안의 시 305편이 모여 있다. 제목만 남아있는 시 6편을 합하면 모두 311편이다. 이 시들은 본디 노래의 가사였으니 시가라고 하는 것이 옳을 것이다. 이 시들은 민중들이 반주 없이 흥얼거리던 민요와 국가의 행사나 제사에서 주악에 맞추어 부른 악장(樂章)들이다. 본시 민간의 노래였던 민요들도 후기로 오면서 악장으로 기능하였던 듯하다. 공자가 여덟 살이던 기원전 544년에 오나라의 공자 계찰(季札)이 노나라에 사신으로 와서 주나라의 음악 보기[觀樂]를 청한 일이 있었다. 이때 현재의 『시경』에 실려 있는 순서대로 민요를 연주하였는데, 계찰은 각 지역 민요들이 끝날 때마다 평을 하였다. 유명한 계찰관악(季札觀樂)의 고사다. 이 사실로 미루어 이미 민요들이 악장으로 기능하고 있음을 알 수 있다. 그러므로 『시경』의 시를 감상하는 것을 '음악을 듣는다'고 하지 않고 '음악을 본다[觀樂]'고

했다. 노래만 있는 것이 아니라 반주와 무용이 있는 종합예술이기에 '보아야만' 했던 것이다.

『시경』의 작품들은 내용과 용도에 따라 분류되어 있다. 위에서 언급한 것처럼 민요와 행사용 음악, 제사용 음악의 가사들을 각각 풍, 아, 송이라고 불렀다. 풍(風)에는 풍요(風謠)처럼 바람 따라 흐르는 민간의 노래라는 뜻도 있고, 풍자한다는 풍(諷)의 뜻도 있다고 하는데 모두 열다섯 나라의 이른바 15국풍(國風)이다. 모두 160편으로『시경』의 과반을 차지한다. 이 노래들에는 남녀의 사랑을 노래한 것이 가장 많은데, 사랑의 기쁨과 애틋함, 그리움과 이별 등 다양한 내용들이 있다. 그밖에도 시대를 풍자하거나 종군의 고통을 노래한 시 등 여러 가지 내용들의 시가 있다. 이 노래들은 시를 채집하는 관리인 채시관(採詩官)들이 민간에서 채집한 것들이라고 한다.

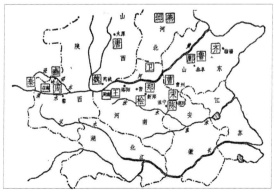

• 15국풍 강역도

아(雅)는 의미가 분명치 않다. 어떤 사람은 바르고 우아한 조정의 정악(正樂)이라는 뜻이라고 하고, 어떤 사람은 아와 하(夏)가 고대에 통용되었으므로 노래가 불린 지역을 가리킨다고도 한다. 아는 소아(小雅)와 대아(大雅)로 구분되며, 민요풍의 노래도 보이지만 대체로 주나라의 귀족지식인들이 지은 것으로 보고 있다. 주자는 소아와 대아를 구분하여 전자는 연향에서 사용하던 음악이고 후자는 조회에서 사용하던 음악이라고 하였다. 소아는 평왕(平王)이 오랑캐의 침입을 피해 낙양으로 도읍을 옮긴 시기를 전후하여 지어진 작품들로, 국난의 고통과 현실에 대한 불만을 토로한 내용이 많고, 대아는 서주 초기의 작품들이 대부분인데 축복과 훈계의 내용이 많다. 아는 소아가 74편이고 대아가 31편으로 모두 105편이다.

송(頌)은 국가의 제사에 연주하던 음악의 가사인데 찬송의 뜻이라고도 하고, '용(容)'과 통하여 무용을 곁들인 음악의 뜻이라고도 한다. 모두 40편으로 조상신을 찬양하고 은덕을 기리는 노래들이다. 이 가운데 주송(周頌)이 가장 많아서 31편이고 노송(魯頌)이 4편, 상송(商頌)이 5편이다. 주송은 주나라 초기의 작품들로 왕업의 기틀을 다진 문왕과 나라를 세운 무왕, 이를 계승한 성왕(成王)을 찬송한 노래들이다. 노송은 대체로 노나라 희공(僖公)의 업적을 노래한 것이라고 하며, 상송은 은나라의 조상과 나라를 세운 탕왕 등을 찬송한 노래들이다. 『시경』이 주나라의 시가집이니 주송이 실려 있는 것은 당연하지만 노송과 상송이 실려 있는 것을 두고 공자가 『시경』을 편집한 증거로 보기도 한다. 이 두 나라가 모두 공자와 관련된 나라이기 때문이다.

이상의 풍, 아, 송에 부(賦), 비(比), 흥(興)을 더하여 육의(六義)라고 하는데, 대체로 전자는 내용과 용도에 따른 구분이고 후자는 창작기법상의 분류라고 할 수 있다. 부는 직서법으로 노래하고자 하는 내용을 직접 서술하는 것이고, 비는 비유를 통해 서술하는 것이며, 흥은 먼저 다른 사물로 감흥을 일으킨 뒤 노래하고자 하는 내용을 서술하는 것이다.

풍은 민중들의 노래로 가공되지 않은 순수함이 있고, 아는 사대부의 노래로 우아하고 세련된 맛이 있으며, 송은 제사음악인만큼 내용이 장중하다. 한나라 때 모씨(毛氏) 성을 가진 누군가가 『시경』을 해설하여 각 편마다 작시의 취지를 밝혀 두었는데 이것이 「모시서(毛詩序)」이다. 「모시서」에서는 『시경』의 수많은 애정시들을 성인의 덕과 교화를 노래한 시로 해석하여 후세 『시경』 해설의 원류가 되었지만, 지금 보면 수긍하기 어려운 점이 많다. 유학은 늘 예악(禮樂)을 이야기하면서 예로써 인간의 외면을 규제하고, 악으로 인간의 심성을 다스리려 하였으니 「모시서」는 이런 취지에 부응하는 해설을 한 것이다. 현대의 우리는 순수함은 순수함대로 세련됨은 세련됨대로 장중함은 장중한대로 보면서 2,000년 전 중국인들의 감성을 느껴보면 될 일이다. 그때의 사랑이 지금의 사랑과 다르지 않고 그 시대의 풍자가 지금도 필요하고 보니, 『시경』을 읽다보면 감성의 울림이 있다.

공자의 문하에서는 『시경』을 소중하게 여겼다. 공자는 시가 감흥을 일으키고[可以興], 세상을 보는 지혜를 길러주며[可以觀], 조화로운 사회생활을 할 수 있도록 한다[可以群]고 하였다. 그는 『시경』이야말로 이성과 감성이 조화로운 인간을 만드는 책이라고 생각한 것이다. 『시경』을 통해 감성의 울림을 경험한 사람은 흥겨운 사람이며 지혜로운 사람이며 공동체와 조화롭게 어울리는 사람인 것이다. 공자는 또 "시 300편을 한 마디로 말하면 생각에 사악함이 없는 것이다[思無邪]"라고 하였다. 『시경』을 읽으면 순수해진다는 말일 것이다. 또 『시경』을 공부하지 않으면 담벼락을 마주하고 서 있는 것과 같다고도 하였다. 사람과 어울리지 못한다는 말일 것이다. 『시경』은 이런 책이었다. 감성의 울림을 통해 때 묻지 않은 순수로 돌아가게 해주는 책, 그래서 세상과 조화롭게 만나게 해주는 책인 것이다.

3. 역사의 교훈-『서경』이야기

『서경』은 『상서(尙書)』라고도 한다. '상(尙)'은 '상(上)'과 같은 뜻으로 윗 시대, 즉 옛날이라는 말이고, '서(書)'는 공문서라는 말이니 『상서』는 상고의 역사적 문헌이란 뜻이다. 전설적인 군주 요(堯)와 순(舜)으로부터 하(夏), 은(殷), 주(周)에 이르기까지 훌륭한 군주와 현명한 신하들의 교훈적인 말씀들이 적혀있다. 고대에도 사관(史官)이 있어 임금의 말과 행동을 기록하였다고 하지만, 갑골문이 있기 이전인 요, 순, 우의 시대에 사관이 있어 문자로 기록하였을지는 의문이다. 아마 후대에 그 아름다웠던 시대를 상상하여 적었거나, 혹은 문자가 발명된 뒤 전해오던 이야기를 기록하였을 것이다. 그러므로『서경』에는 사실과 허구가 섞여 있어 역사 자료로서의 가치는 적다.

전통적으로『서경』에는 이제삼왕(二帝三王)의 수제치평(修齊治平)의 도(道)와 전모훈고(典謨訓誥)의 글들이 있다고 말해왔다. 유교에서 가장 이상적인 제왕이라고 하는 요, 순과 하, 은, 주를 건국한 우(禹), 탕(湯), 문왕(文王)과 무왕(武王)의 수신, 제가, 치국, 평천하한 도리가 들어있다는 말이며, 다스림의 모범이 되는 글과 다스림의 위대한 계책, 임금과 신하들이 상호간에 훈계한 글, 대중에게 선포한 깨우침의 글들이 들어있다는 말이다.

공자가 예부터 전해오던 이 문헌들을 어떤 형태로든 손질하여 교재로 사용했을 것이지만, 이 교재들이 진시황의 분서로 사라졌음은 앞에서 이야기하였다. 한나라에서『오경』을 복원하는 과정에서 금고문 논쟁이 발생했을 때, 가장 치열하고 심각했던 경전은『서경』이었다. 한나라에서『서경』을 복원하고자 했을 때 가장 먼저 추천된 사람은 진나라에서 박사를 역임했던 복승(伏勝, 혹은 伏生)이었다. 조정으로 그를 불렀으나 그때 그는 이미 노인이었기에 올 수 없었다. 이 과정에 일화성의 이야기들이 많이 남아 있는데, 부들로 감싼 수레로 모셔왔다거나, 태상시(太常寺)에서 장고(掌故) 벼슬을 하고 있던 조조(晁錯)를 보내어 복승의 구술을 받아 적게 하였는데 방언이 심하여 복승의 딸이 통역했다는 이야기 따위이다. 이 이야기들은 복생이 『서경』을 암송하고 있었다는 것을 전제로 하는 것이지만, 복생이 피란가면서 『서경』을 숨겨두었다가 돌아와서 남은 책들을 수습하였다는 이야기도 있다. 어쨌든 이렇게 하여 당시의 문자인 예서로 기록한 『서경』이 『금문상서』 28편이다.

얼마 뒤 무제 때 공자 옛집의 벽을 허물다가 『상서』가 발견되었는데, 공자의 후손인 공안국(孔安國)이 『금문상서』와 비교해 보니 16편이 더 많았다. 이 16편을 『고문상서』라 하였는데, 궁중도서관에 보관하다가 잃어버렸다. 그 뒤 동진(東晉) 원제(元帝) 때 매색(梅賾)이라는 사람이 잃어버렸던 『고문상서』라고 하면서 58편을 바쳤는데, 공안국의 해설[傳]이 붙어 있었다. 『금문상서』와 일치하는 33편과 새로운 25편으로 구성된 이 책이 오늘날 우리가 보는 『서경』이다.

매색 헌상본의 25편 『고문상서』가 가짜이고 공안국의 해설도 위조되었다는 설이 많았으나 당나라에 와서 공영달이 『오경정의』를 편찬하면서 이 책 58편과 공안국전을 채택함으로써 『서경』의 정본으로 확정되었다. 송대의 유학자들은 이 책의 진위를 의심하면서도 대체로 받아들였다. 그러나 원나라 때

오징(吳澄)과 명나라 때 매작(梅鷟)이 『고문상서』가 위서임을 거듭 주장하였고, 결국 청나라의 염약거(閻若璩)가 『상서고문소증(尚書古文疏證)』을 저술, 128조에 걸쳐 『고문상서』가 위작임을 밝힘으로써 이 문제는 확정되었다.

염약거의 쾌거를 입증하는 자료가 최근에 발견되었는데, 소위 청화간(淸華簡)이란 것이다. 2008년에 북경의 청화대학에 기증된 2,388매의 죽간 가운데 『상서』가 있었는데, 진나라 분서 이전의 것이었다. 현존하는 『서경』의 편명과 동일한 편명의 글들이 있었으나 문구의 차이가 있었고, 현존하는 『서경』에 전혀 없는 글들도 있었다. 이 가운데 「부열지명(傅說之命)」이라는 글이 있었는데, 현존하는 고문 「열명(說命)」과 동일한 제목이지만 내용은 전혀 달랐다. 『고문상서』가 위작임이 다시 한 번 밝혀진 것이다. 「윤고(尹誥)」 등 『서경』의 새로운 편들을 포함하고 있는 이 청화간 『상서』야말로 분서 이전 『상서』의 내용을 확인할 수 있는 소중한 자료이다.

우리의 선조가 그렇게

● 청화간 상서

열심히 공부하였던, 그리고 오늘날 우리가 보고 있는 『서경』의 일부가 동진 때 매색이 위조한 가짜라고 하면 허탈할 수밖에 없다. 송나라와 우리나라의 성리학자들이 금과옥조로 받들었던 "人心惟危, 道心惟微, 惟精惟一, 允執厥中"의 이른바 '성인과 성인이 서로 마음으로 전하였던 16자의 진리[聖聖相傳之十六字心法]'도 고문 「대우모(大禹謨)」편에 있는 위작이니 우습기까지 하다. 이 구절은 뒤에 원문 해설에서 소개할 것이다.

그러나 여기서 『서경』을 덮거나 금문만 골라서 읽으면 안된다. 비록 고문이 위작이지만 훌륭한 가르침의 말씀들이기 때문이다. 이 가르침을 우리 조상들이 가슴에 새기고 살았기 때문이다. 잘못 그려진 자화상이지만 버릴 수 없는 자화상이 『서경』의 고문에 들어있는 것이다. 금문과 고문을 구분하지 않고 읽다보면 유가가 말하는 이상적인 다스림이 어떤 것인지 어렴풋이 보인다. 그 사이사이에서 고대의 천문과 지리도 배울 수 있고, 백성을 소중히 여기고 사랑하는 마음도 읽을 수 있다. 아버지는 올발라야 하고, 어머니는 자애로워야 하며, 형은 우애로워야 하고, 동생은 공손해야 하며, 자식은 효도해야 한다는 당위적인 가족 윤리도 배울 수 있다. 그래서 『서경』은 역사가 주는 교훈의 책인 것이다.

4. 변화의 원리 - 『역경』 이야기

『역경』은 『주역(周易)』이라고도 한다. 주(周)는 주나라라는 말이고, 역(易)은 '바꿀 역'자이니 변화를 의미하는 글자다. 역자는 일(日)자와 월(月)자가 합성하여 이루어진 글자로 음양의 변화를 나타낸다고도 하고, 도마뱀의 상형자로써 도마뱀이 몸색깔을 변하기 때문에 뜻을 취하였다고도 한다. 모두 변화와 관련한 설명이다. 그러므로 '변화의 원리를 설명하는 위대한 책[易經]'이라고 하건 '주나라의 변화의 원리[周易]'라고 하건 의미 초점은 모두 변화에 있다.

이 변화의 원리를 간직한 책은 네 사람의 성인의 합작품으로 알려져 있다. 저 아득한 전설시대의 복희씨가 팔괘를 그었고, 문왕이 이를 늘려 64괘를 만들고 「괘사(卦辭)」를 지었으며, 주공이 384효를 해설하는 「효사(爻辭)」를 지었고, 공자는 역의 원리를 다양하게 해설한 「십익(十翼)」을 저술했다고 한다. 그러므로 '사성(四聖)'의 손을 거친 책이라는 것이다.

이 전통적인 견해를 다 믿을 수는 없더라도 『주역』성립사와 관련하여 시사하는 바가 크다. 『주역』의 경문이 만들어 진 것은 은말주초(殷末周初)라는 것이 오늘날의 일반적인 견해인데 이때가 바로 문왕과 주공의 시대이다. 「십익」 전체를 공자가 한꺼번에 저술하지는 않았을 터이지만 「십익」에 공자의 말씀들이 많이 들어있는 것은 틀림없는 사실이다. 이제 이 문제를 좀 더 깊이 다루어보자.

사마천은 친구에게 보내는 편지[報任安書]에서, "서백[문왕]이 구금되고 나서 『주역』을 '연(演)'했다[西伯拘而演周易]"고 했다. 문왕은 주나라를 건국한 무왕의 아버지이다. 본인은 주나라를 세우지 못했지만 서안 부근의 기산(岐山)에서 왕업을 착실히 다져 결국 그의 아들이 나라를 세우게 했다. 문왕 당시에 이미 천하의 2/3가 그에게 복종하였다. 이렇게 세력이 강성해진 문왕을 미워한 은나라의 마지막 임금 주(紂)가 그를 현재의 하남성 안양시의 유리성(羑里城)에 구금했다. 문왕은 이곳에 7년 동안 갇혀 있으면서 『주역』을 연구했다. 사마천은 그때 문왕이 『주역』을 연구한 내용을 '연(演)'이라고 했는데, 부연하여 확대시켰다는 말이다. 『주역』을 처음 만들거나 『주역』을 연구만 한 것이 아니라, 기존에 있던 무엇인가를 대대적으로 연역했다는 말이다. 필자는 사마천의 이 말을 믿고 싶다. 현대의 연구자들은 은말주초에 점복을 담당하던 관리들이 『주역』을 만들었을 것이라고 하는데, 『주역』의 경문은 통일된 체계를 가지고 있어 여러 사람이 만들 수 없는 것이다. 다만 시기를 달리하여 수정하고 보완하였을 수는 있을 것이다. 이 시기에 문왕만큼 탁월한 인물이 없었는데, 이 시기에 만들어졌다고 하면서 굳이 문왕을 제외시키는 것은 이해가 되지 않는다. 아마 『주역』의 초기형태는 이미 있었을 것이며, 문왕은 이를 대대적으로 연역하여 오늘날 보는 『주역』의 원형을 만들었을 것이다. 그래서 주나라의 역인 『주역』이 되었을 것이다.

『주역』 경문의 성립시기를 은말주초로 보는 것은 근거가 있다. 은나라의 갑골 가운데 신탁을 묻는 말과 신탁을 해석한 말 이외에, 여섯 개의 숫자로 조합된 부호를 그려둔 갑골들이 있다. 대체로 은나라 말기의 것들이다. 또한 기산의 주나라 유지에서 발굴된 서주 초기의 갑골에도 숫자 조합들이 보이는데, 연구자들은 이 숫자들이 『주역』의 괘를 의미하는 것으로 보고 있다. 중국 고대의 점법에는 복점(卜占)과 서점(筮占)이 있었다. 복점은 갑골을 태워 갈라진 선을 보고 판단하는 방법이고, 서점은 산가지를 운용하여 괘를 도출한 뒤 괘상을 해석하여 신탁을 확인하는 점법이다. 『주역』은 바로 이 서점의 텍스트였다. 『서경』에는 국가의 대사를 판단할 때는 복점과 서점을 함께 쳤다는 기록이 있는데, 갑골에 보이는 여섯 숫자의 조합은 바로 복점과 서점을 함께 치고 서점의 결과를 갑골에 새겨둔 것이다. 이 숫자의 조합을 중국의 연구자들은 숫자괘(數字卦) 혹은 서수(筮數)라고 한다. 이것이 초기 갑골에는 보이지 않다가 말기 갑골에 나타나고 서주초기 갑골에 다량으로 나타난 것으로 보아 이 시기가 바로 『주역』이 성립된 시기로 유추할 수 있는 것이다.

그러므로 문왕의 '연주역(演周易)'은 사실일 것이다. 숫자괘가 보이는 이 시기에 틀림없이 숫자괘를 해석하는 방식이 있었을 것이며, 문왕은 그 방식들을 모아 체계를 세웠을 것이다. 혹 그것이 주역의 「괘사」가 아니라 하더라도 문왕이 『주역』의 성립에 크게 기여했던 인물인 것은 틀림없다. 그러므로 사마천은 친구의 편지에서 말한 문왕이 '연주역'한 사실을 『사기』의 「일자열전(日者列傳)」에서 또 말하였고, 반고도 『한서·오행지(五行志)』에 기록해 두었던 것이다.

『주역』은 경과 전으로 구성되어 있는데, 「괘사」와 「효사」를 경이라고 하고 「십익」을 전이라고 한다. 「십익」은 다시 「단전(象傳)」상하, 「상전(象傳)」상하, 「계사전(繫辭傳)」상하, 「문언전(文言傳)」, 「설괘전(說卦傳)」, 「서괘전(序卦傳)」, 「잡괘전(雜卦傳)」으로 나누어진다. 의심이 없지는 않았으나, 전통시대에는 대체로 공자가 「십익」을 저술하였다고 믿었다. 그러나 앞에서 언급한 1973년 마왕퇴 한묘의 『백서주역(帛書周易)』 발굴로 공자의 「십익」 저술은 사실이 아님이 분명해졌다. 한 문제(재위, BC 180~BC 157) 때의 무덤인 마왕퇴 한묘에서 발견된 『백서주역』은 『주역』 경문과 「이삼자문(二三子問)」상하, 「계사(繫辭)」, 「역지의(易之義)」, 「요(要)」, 「목화(繆和)」, 「소력(昭力)」으로 구성되어 있다. 경문에는 64괘의 「괘효사」가 모두 기록되어 있는데 괘의 배열순서와 이체자의 사용 등의 차이를 제외하면 대체로 현존 『주역』의 「괘효사」와 일치한다. 나머지 부분이 현존 『주역』의 전에 해당하는 것이지만 「계사」에 현존 「계사전」의 내용과 일치하는 부분이 있는 것과 「이삼자문」이 현존 「문언전」과 비슷한 내용을 보이는 것을 제외하고는 모두 처음 보는 글들이었다. 적어도 한나라 초기까지도 「십익」은 확정되지 않았던 것이다. 공자는 「십익」을 저술한 일이 없으며, 한 문제 이후 어느 시기에 누군가가 공자의 말씀을 비롯하여 『주역』과 관련된 여러 글들을 모아 「십익」을 편찬했던 것이다. 이쯤에서 「십익」의 구성과 내용을 살펴볼 필요가 있다.

● 백서주역

「단전」은 『주역』의 경문인 「괘사」를 다시 해설한 글로 괘의 성격을 주로 음양의 이론인 강유(剛柔)로 설명하고 있다. 「괘사」가 상하로 나눠진 까닭에 「단전」도 상하로 구분된다. 「상전」은 64괘 384효에 모두 달려 있는데, 「괘사」와 「효사」를 다시 해설한 글이다. 역시 상하로 나뉘어져 있다. 「계사전」은 『주역』의 이론들을 모아 놓은 부분으로 분량도 많고 내용도 깊다. 『주역』을 공부하려면 「계사전」을 먼저 보라고 할 만큼 『주역』의 원리를 철학적으로 설명하고 있는 중요한 부분이다. 분량이 많아 상하로 나누었다. 「문언전」은 64괘 가운데 가장 중요한 순양의 건괘와 순음의 곤괘에 대한 다양한 풀이이다. 건곤괘의 「괘사」와 「효사」를 여러 차례 거듭 해설하고 있어 다른 시기의 해설들을 모아놓은 듯하다. 「설괘전」은 『주역』의 제작원리와 팔괘의 상징 대상을 밝혀 놓은 부분인데, 『주역』의 점복서적(占卜書的)인 성격을 잘 보여주는 부분이다. 「서괘전」은 64괘의 배열 순서에 들어있는 함의를 밝힌 글이며, 「잡괘전」은 64괘를 간략하게 해설한 부분이다.

위에서 살펴본 바를 종합하면, 대체로 은나라 말기에서부터 주나라 초기에 『주역』의 경문이 만들어지고, 『주역』을 해설하는 여러 말들을 모아 한나라 때 「십익」을 만들었다. 『주역』의 경문이 만들어지던 과정에는 문왕의 기여가 컸으며, 「십익」이 만들어지는 과정에 공자의 말씀이 많이 들어갔다. 대체로 『주역』은 이렇게 만들어진 것이다.

『주역』은 원래 서점(筮占)의 결과를 확인하는 텍스트였다. 세상은 변하고 인간도 변한다. 변하지 않고 머물러 있는 것은 없다. 인간에게 이 변화는 기대이면서 두려움이다. 겨우내 앙상하던 나무에 봄이 되면 꽃이 필 것이라는 것은 예측할 수 있는 변화이지만, 이 우주에는 인간의 지혜로는 헤아릴 수 없는 무수한 변화들이 있다. 그 변화를 기대하는 사람들은 기대 때문에 변화의 결과를 알고 싶고, 두려운 사람은 두려움 때문에 변화의 결과를 알고 싶다. 그래서 점을 쳤다. 밤이 지나면 아침이 오듯이 이 변화에는 어떤 법칙이 존재한다고 생각했고, 점은 그 변화의 법칙에 따른 결과를 확인하는 행위였다. 그러므로 점의 결과를 확인하는 텍스트는 인간과 우주의 모든 변화들에 대한 통찰을 간직하고 있어야 했다. 이렇게 해서 만들어진 책이 『주역』이다. 지혜로운 고대의 중국인들은 64괘(卦) 384효(爻)의 틀로 인간과 우주의 모든 변화의 법칙성을 담으려 했다. 이 틀이 진리인지는 알 수 없으나, 적어도 인간과 우주의 변화에 대한 고민의 결과물임은 분명하다. 여기서 『주역』 은 철학과 만난다. 중국의 철학이 『주역』에서 비롯한다고 하는 이유이다.

공자는 만년에 『주역』을 좋아했다고 한다. 인간과 우주에 대한 깊은 성찰이 있는 책이라고 여겼기 때문일 것이다. 그러나 공자는 『논어』에서, "점을 치지 않을 따름[不占而已矣]"이라고 단호하게 말했다. 『백서주역』에서는, "나는 『주역』이 가진 덕과 의만을 볼 뿐[我觀其德義耳]"이라고도 했다. 공자는 점치는 책을 점을 치기 위해 본 것이 아니라 그 책의 교훈을 배우고 이치를 알기 위해 본 것이다. 이 위대한 책을 보면서도 공자는 걱정했다. "후세의 선비들이 나를 의심하는 것은 혹 『주역』 때문일까?" 점치는 책을 왜 그렇게 열심히 보았는지 의심할 것이 두려웠던 것이다. 우리는 공자가 『주역』을 본 그 자세로 『주역』을 보아야 할 것이다.

나오기 — 원문으로 만나는 『사서삼경』

『사서』는 선비를 만드는 책이다. 『대학』에서 선비가 될 뜻을 세우고, 『논어』와 『맹자』에서 선비의 삶을 확인한다. 마지막으로 『중용』을 이해하고 나면 선비가 된다. 『대학』으로 들어가서 『중용』으로 나오면 선비 한 사람이 만들어지는 것이다. 그러나 책만 읽는다고 해서 선비가 되는 것은 아니다. 『사서』가 가리키는 길을 따라가야 선비이다. 실천 없이는 선비가 될 수 없다. 『사서』는 선비의 길을 보여줄 뿐이다.

『사서』에서 본 선비의 길은 『삼경』에서 완성된다. 『삼경』은 이성과 감성을 연마하는 책들이다. 『시경』을 보면서 옛 사람들의 감성을 배운다. '그 때 그 사람들은 이런 노래를 부르고 살았구나' 하고 감탄하는 사이에 나의 감성이 풍요로워진다. 『서경』은 우리를 이상적인 정치들이 행해지던 그 옛날로 데려간다. 그곳에서 그 이상적인 정치를 펼치던 임금과 신하들의 말씀을 듣다보면 어느덧 나도 그들을 닮아간다. 『주역』은 우리를 이성의 세계로 안내한다. 끊임없이 변화하는 인간과 우주의 이치를 탐색하다 보면 나의 이성이 밝아진다. 『삼경』은 이런 책들이다. 문학을 배우고 역사를 배우고 철학을 배우며 명징한 이성과 풍요로운 감성이 조화로운 인간을 만드는 책들이다. 이제 이 책들을 원문을 통해 만나보자.

1. 『대학』

삼강령

> 지도자가 되는 배움의 길은 밝은 덕을 밝힘에 있고, 백성을 새롭게 함에 있으며, 지선(至善)에 머무름에 있다.
> 大學之道, 在明明德, 在親[新]民, 在止於至善.

이 문장은 '명명덕(明明德)', '신민(新民)', '지어지선(止於至善)'의 삼강령(三綱領)을 제시한 글이다. 『대학』의 저자는 맹자와 마찬가지로 성선설의 입장에 서 있다. 인간은 도덕적 인자(因子), 즉 '명덕(明德)'으로 충만한 본성을 가지고 태어났다. 그러므로 도덕적 실천은 인간의 당위(當爲)이다. 그러나 후천적 기질과 삶의 과정에서 이 도덕적 인자는 흐려지게 되고 이 흐려진 인자

를 다시 '밝히는[明]' 일이야말로 인간답게 사는 길이다. 그러
므로 지도자가 되려는 사람은 먼저 스스로의 명덕을 밝혀야
한다. 스스로의 명덕이 밝아진 다음 인간답게 사는 길을 모르
는 사람들이 명명덕을 통하여 바르게 살 수 있도록 이끌어야
한다. 대인의 인도에 따라 바르게 사는 길을 알고 실천하게 된
사람은 이미 이전의 사람이 아니다. 새로운 사람으로 거듭난
것이다. 이것이 바로 '백성을 새롭게 하는 것'이다. 삼강령을
이야기하였으나 핵심은 이 두 가지이다.

　나머지 하나, 즉 '지어지선'은 명명덕과 신민의 방법론이다.
나와 남의 도덕적 행위는 '지선(至善)'의 경지에서 완성된다. 지
선은 더 이상 좋을 수 없는 최선이다. 예컨대 자식의 요구를
들어주기만 하는 부모의 무조건적인 사랑은 지선의 사랑이 아
니다. 넘치는 사랑일 뿐이다. 넘치는 사랑도 지선이 아니며 모
자라는 사랑도 지선이 아니다. 주어진 관계와 상황에서 최선
의 사랑이 바로 지선의 사랑이다. 비단 사랑만이 그러한 것이
아니라 인간의 모든 일상 행위들이 최선으로 이루질 때가 바
로 지선인 것이다. 그러나 지선만으로 명명덕과 신민이 완성
되는 것은 아니다. 평범한 사람도 어느 한 순간은 지선의 행위
를 할 수 있다. 그러나 매 순간마다 지선을 이루기는 어렵다.
그러나 『대학』의 저자는 이 어려운 매 순간마다의 지선을 요
구한다. 이것이 지선에 '머무르는' 것이다. 머무른다는 것은 굳
게 지켜 옮기지 않는다는 뜻이다. 도덕적 각성이 어떠한 상황

에서도 최선의 도덕적 실천으로 이루어질 수 있도록 하는 것
이 지선에 머무르는 것이다. 그러므로 앞의 두 가지 강령은 마
지막의 강령으로 인해 완성될 수 있다. 이것이 바로 대인이 실
천해야 할 세 가지 강령이다.

팔조목

> 옛날 온 세상에 명덕을 밝히고자 하는 사람은 먼저 자신의
> 나라를 바르게 다스리고, 자신의 나라를 바르게 다스리고자
> 하는 사람은 먼저 자신의 집안을 바로잡고, 자신의 집안을
> 바로잡고자 하는 사람은 먼저 자신의 몸을 가다듬고, 자신의
> 몸을 가다듬고자 하는 사람은 먼저 자신의 마음을 바르게 하
> 고, 자신의 마음을 바르게 하고자 하는 사람은 먼저 자신의
> 뜻을 진실하게 하고, 자신의 뜻을 진실하게 하고자 하는 사
> 람은 먼저 자신의 앎을 철저하게 하였으니, 앎을 철저하게
> 하는 것은 사물의 이치를 확실하게 밝히는 일에 있다.
>
> 古之欲明明德於天下者, 先治其國 ; 欲治其國者, 先齊其家 ; 欲齊其
> 家者, 先脩其身 ; 欲脩其身者, 先正其心 ; 欲正其心者, 先誠其意 ; 欲
> 誠其意者, 先致其知, 致知在格物.

삼강령을 실천하는 여덟 단계의 세부 조목을 말하였다. 나
의 명덕을 밝히는 일은 격물(格物), 치지(致知), 성의(誠意), 정심(正
心), 수신(修身)의 단계를 거쳐 완성되고, 백성을 새롭게 하는 일

은 제가(齊家), 치국(治國), 평천하(平天下)의 단계를 거쳐 완성된다.
『대학』의 저자는 평천하, 즉 천하를 평정하는 일을 무력으
로 세계를 정복하는 것이 아니라 온 인류가 모두 자신의 명덕
을 밝혀 도덕적 실천을 하도록 하는 것이라고 생각하였다. 그
러므로 온 세상이 도덕적 각성과 실천으로 충만하기 위해서는
먼저 자신의 나라가 도덕적 각성과 실천으로 충만하도록 해야
하며, 자신의 나라에 앞서 자신의 가정과 집안에서 먼저 이러
한 이상이 구현되어야 하며, 자신의 집안이 그러하기 위해서
는 자신이 먼저 모범을 보여야 한다. 도덕적 각성과 실천이 단
계적으로 이루어지는 출발점은 자신인 것이다. 이러한 이상의
단계적 실현은 강제에 의하여 이루어지는 것이 아니다. 도덕
적 각성과 실천으로 충만한 나에 의하여 나의 가족이 감화되
는 것이며 이러한 감화가 단계적으로 일어나게 되는 것이다.
이것이 바로 덕에 의한 감화[德化]이며 덕에 의한 다스림[德治]
인 것이다.

그러므로 가장 중요한 일은 나의 몸을 가다듬는 일[修身]이
며, 나의 몸을 가다듬기 위해서는 몸의 주인인 마음을 바르게
하여야 하고, 마음을 바르게 하기 위해서는 뜻이 먼저 진실해
야 한다. 진실하다는 것은 거짓이 없다는 말이다. 마음이 움직
이는 그 순간에 거짓이 끼어들지 않아야 올바른 생각, 올바른
의지가 될 수 있다는 말이다. 움직이는 마음에 거짓이 없기 위
해서는 무엇이 거짓이고 무엇이 참인지를 알아야 한다. 알되,

어설프게 알아서는 선악의 갈림길에서 갈등하게 되니 철저하게 알아야 한다. 철저하게 참과 거짓, 선과 악을 분별할 수 있어야 참과 선을 향한 뜻이 간절해지게 되니, 그러므로 성의(誠意)에 앞서 치지(致知)가 이루어져야 한다.

앎을 철저하게 하기 위해서는 사물의 이치를 확실하게 밝혀야 한다. 여기서 사물은 형체가 있는 물체만이 아니라 세상만사와 삼라만상을 모두 포함하는, 글자 그대로 사(事)와 물(物)을 모두 포괄하는 개념이다. 인간은 살아가면서 끝없이 사물을 접하고 다양한 관계 속에서 수많은 일에 부닥치게 된다. 주자의 이론에 따르면, 이 모든 사와 물에는 모두 각각의 이치[理]가 있다. 산에는 산의 이치가 있고 물에는 물의 이치가 있으며, 부모와 자식의 관계에는 부자의 이치가 있고 임금과 신하 사이에는 군신의 이치가 있다. 그러므로 각각의 사물에 나아가 그 이치를 확실하게 밝혀야 한다. 이것이 바로 격물이다.

명명덕

「강고(康誥)」에 "능히 덕을 밝히셨다" 하였고, 「태갑(太甲)」에 "이 하늘의 밝은 명령을 돌아보셨다" 하였으며, 「제전(帝典)」에 "능히 위대한 덕을 밝히셨다" 하였으니, 모두 자신의 덕을 스스로 밝게 하였다는 것이다.

康誥曰：“克明德”, 大甲曰：“顧諟天之明命”, 帝典曰：“克明峻德”, 皆自明也.

「강고」와 「태갑」과 「제전」은 모두 『서경』의 편명들이다. 「강고」는 무왕이 아우 강숙(康叔)을 위나라의 제후로 봉하면서 경계한 글인데, 인용문은 아버지 문왕의 덕을 칭송하는 대목이다. 「태갑」은 탕임금을 도와 은나라를 세운 이윤(伊尹)이 탕 임금의 손자 태갑에게 훈계한 글인데, 인용문은 탕 임금의 치적을 이야기한 부분에 나온다. 「제전」은 오늘날의 「요전(堯典)」이니 요임금의 사적을 기록한 글이다. 이 문장은 문왕과 탕임금과 요임금이 모두 명덕을 밝혀 이상적인 군주가 되었음을 『서경』의 글을 인용하여 찬탄한 것이다. 이 문장은 독자들에게 명명덕의 가능성을 말하고 있다. 사람들은 나의 명덕을 밝히는 일이 특별한 사람들의 일인 줄 알지만, 노력하면 누구나 다 할 수 있는 일이다. 문왕과 탕임금과 요임금은 특별한 인물들이라서 명명덕을 한 것이 아니라, 명명덕을 하여 특별한 인물이 된 것이다. 그들이 하였으니 나라고 못할 것이 없는 것이다. 이 대목을 읽는 학동들은 고무되었을 것이다.

신민

탕임금의 반명(盤銘)에, "만약에 어느 날 새로워졌다면, 날마다 날마다 더욱 새롭게 하고, 또 날마다 새롭게 하라." 하였다.

湯之盤銘曰 : "苟日新, 日日新, 又日新."

은나라를 세운 탕임금은 몸을 씻는 그릇에 글을 새겨두고 몸을 씻을 때마다 보면서 마음도 함께 씻었다. 참으로 수신(修身)에 부지런했던 군주였던가 보다. 사람은 살아가다 보면 어느 순간 자신의 과오를 떠올리며 반성하는 순간이 있다. 이 순간이 바로 "어느 날 새로워 짐"이다. 그러나 우리네 보통 사람들에게 이 반성은 한 순간으로 끝나고 만다. 그러나 탕 임금은 이 순간을 놓치지 않는다. 이 순간의 반성을 지속시켜 반성을 통한 실천이 항상 최선의 상태에 머무르도록 하기 위해 "날마다 날마다 더욱 새롭게 하고", 이것도 모자라 "또 날마다 새롭게" 하고자 씻을 때마다 늘 보는 그릇에 글을 새겨 두었다. 이처럼 철저한 수신이 있었기에 그의 덕에 감화된 백성들의 마음을 모아 천하의 주인이 될 수 있었을 것이다.

이 문장은, 어느 한 순간 과거의 잘못을 깨달아 새롭게 되었으면 그 순간으로 그칠 것이 아니라 새로워진 상태를 지속하기 위해 부단히 노력하여 '지어지선(止於至善)'하라는 의미이다.

지어지선

『시경』에 이르기를, "심원(深遠)하신 문왕(文王)이여, 아! 쉼 없이 힘쓰시고 덕을 밝히시어 머물러야 할 곳에 공손히 머무르셨다." 하였으니, 남의 임금이 되어서는 어짊에 머무르고, 남의 신하가 되어서는 공경함에 머무르고, 남의 아들이 되어

> 서는 효에 머무르고, 남의 아비가 되어서는 자애로움에 머무
> 르고, 나라 사람들과 사귈 때에는 믿음에 머무르셨도다.
>
> 詩云：“穆穆文王, 於緝熙敬止”, 爲人君, 止於仁；爲人臣, 止於
> 敬；爲人子, 止於孝；爲人父, 止於慈；與國人交, 止於信.

　문왕은 무왕의 아버지이다. 스스로 주나라를 세우지는 못했
으나, 왕업의 기틀을 착실히 닦아 아들이 나라를 세우게 하였
다. 이 구절은 이 위대한 인물이야말로 '지어지선(止於至善)'의
전형임을 말한 것이다. 지선의 자리에 머무른다는 것이 어떤
것인가? 주어진 상황에서 늘 최선을 다하는 것이다. 임금으로
서 신하로서 아버지로서 아들로서 관계와 상황에 따라 최선을
다하는 것이 지어지선인 것이다.

성의

> 　자신의 뜻을 진실하게 한다는 말은 스스로를 속이지 말라
> 는 것이다. 악을 싫어하기를 마치 악취를 싫어하듯 하며, 선
> 을 좋아하기를 마치 미인을 좋아하듯 하는 것, 이것을 스스
> 로 흡족하다고 한다. 그러므로 군자는 반드시 나만이 아는
> 마음의 움직임을 조심한다.
>
> 所謂誠其意者, 毋自欺也. 如惡惡臭, 如好好色, 此之謂自謙. 故君子
> 必愼其獨也.

　사람들이 선(善)을 행하고자 뜻을 내기는 쉽다. 그리고 실제로 그 뜻을 실천하여 선을 행하기도 한다. 그러나 그것이 본래의 진실한 뜻이었는가는 별개의 문제이다. 남들의 이목 때문에, 혹은 자신의 양심 때문에 선행을 하였지만 나에게 이로운 일이 아니라서 생각[意]에 만족스럽지 않을 수도 있다. 이것은 진실이 아니며 성의(誠意)가 아니며 자신을 속이는 일[自欺]이다. 이 미묘한 부분을 남들은 모른다. 나만이 알 수 있는 생각이다. 그러므로 『대학』의 저자는 선을 행하는 것도 훌륭하지만 더욱 중요한 것은 선을 갈구하는 진실한 생각이라고 말한다. 사람이 악취를 싫어하고 아름다운 것을 좋아하는 것은 억지로 하고자하여 그러한 것이 아니라 저절로 그러한 천성이다. 선행도 그러해야 한다. 마음에서 우러난 자연스러운 뜻으로 선을 행하여야 스스로 만족할[自謙] 수 있다.

　신독(愼獨)의 의미에 대하여, 흔히들 남들이 보지 않을 때 나만이 혼자 있을 때도 도덕적 실천을 하라는 의미로 이해하는 경우가 많다. 그러나 유학에서 이야기하는 신독의 개념은 이보다 더 멀리 나아가 있다. '독(獨)'은 '혼자'라는 뜻이 아니라 남들이 모르는 나만이 아는 마음의 움직임이다. 타인과 함께 있을 때, 타인과 대화를 하면서도 나의 말과 나의 뜻이 다를 수 있다. 정의로운 말을 하면서 내심으로는 이해(利害)를 따지고 있기도 한다. 유학이 지향하는 도덕적 엄밀성은 이 부분에서 자신을 바로잡기를 요구한다. 나의 입에서 나오는 정의가 진실한 나의 뜻이기를 요구한다. 이것이 바로 신독이다. 그러므로 무자기(毋自欺), 신기독(愼其獨)은 수기(修己)의 핵심이며, 그러므로 『예기』의 「대학」편은 성의를 선비됨의 출발점으로 삼았던 것이다.

정심과 수신

> 이른바, 몸을 가다듬는 것이 자신의 마음을 바르게 하는 일에 있다는 것은, 마음에 노여운 것이 있으면 그 바름을 얻지 못하고, 두려운 것이 있으면 그 바름을 얻지 못하고, 좋아하는 것이 있으면 그 바름을 얻지 못하고, 걱정스러운 것이 있으면 그 바름을 얻지 못한다는 것이다.
>
> 所謂脩身在正其心者, 身有所忿懥, 則不得其正, 有所恐懼, 則不得其正, 有所好樂, 則不得其正, 有所憂患, 則不得其正.

뜻을 진실하게 하는 공부가 되었으면, 이제 뜻의 뿌리인 마음을 바르게 하는 공부를 해야 한다. 몸을 바르게 닦기 위해서는 몸의 주인인 마음이 먼저 바르게 되어야 하기 때문이다. 성리학자들은 마음이 움직이지 않고 있는 상태를 '성(性)'이라고 하고, 자극해 오는 사물에 반응하여 마음이 움직이는 것을 '정(情)'이라고 하였다. 이 단락에서 이야기하고 있는 노여움, 두려움, 좋아함, 걱정은 모두 정이다. 이 '정'은 긍정적일 수도 있고 부정적일 수도 있다. 예컨대, 불의에 대한 노여움이나 정의에 대한 애호 등의 감정은 긍정적이지만 제대로 조절이 되지 않는 감정은 부정적인 것이다. 주자를 비롯한 그 후학들은 이 단락에서 이야기한 '정'은 바로 이 부정적인 감정이라고 보았다. 왜 부정적인가? 그들은 '유소(有所)' 두 글자에 주목한다. 노엽고 두려운 것이 아니라, 노여운 바가 있고 두려운 바가 있다는 것이다. 노여운 것이 있다는 것은, 쉽게 말하면 무엇인가의 이유로 이미 화가 나 있다는 것이다. 노여워해야 할 일이 있어 노여웠다면 그 일이 사라지고 나면 노여움도 사라져야 하는데, 그 일이 사라졌음에도 아직 노기가 가시지 않은 것이다. 이러한 때, 즉 노여운 것이 있을 때 기뻐해야 할 일이 생겨도 앞의 노여움 때문에 제대로 기뻐할 수 없다. 그러므로 감정이 평형을 잃게 되고 평형을 잃은 감정은 부정적인 것이며, 올바른 마음을 해치는 감정인 것이다.

이 단락을 잘못 이해하면 인간의 감정 그 자체를 부정한 것으로 볼 수 있다. 그러나 인간은 감정을 드러내지 않고 살 수는 없다. 정당한 감정을 표현할 때 정의가 구현될 수 있는 것이다. 그러므로 성리학자들은 이 단락이 평형을 잃은 감정의 발현에 대한 경계를 말한 것이라고 본다. 주자는 이 문장의 주에서, 성(性)이 마음의 체(體)라면 정(情)은 "마음의 용(用)으로서 사람에게 없을 수 없는 것이지만 이것이 생겨나는 순간 자세히 살피지 못하면, 욕심이 움직이고 정이 치우쳐서 혹 그 올바름을 잃을 수 있다"고 하였다. 정 자체를 부정한 것이 아니라 정이 발현될 때 평형을 잃고 격해지면 잘못될 수 있다는 것이다. 주자의 이 말은, 감정이 발현하면 잘못될 가능성이 많으니 차라리 감정이 일어나지 않도록 하라는 말로도 들린다. 그래서 조선의 선비들은 감정을 드러내지 않으려고 노력했다. 나이가 들수록 감정을 잘 드러내지 않게 되니 점잖은 것이다.

수신과 제가

이른바 자신의 집안을 바로잡는 것이 자신의 몸을 가다듬는 일에 있다는 것은, 사람이란 친애하는 사람에게 공평하지 못하고, 천박하고 미운 사람에게 공평하지 못하고, 두렵고 공경하는 사람에게 공평하지 못하고, 가엾고 불쌍한 사람에게 공평하지 못하고, 거만하고 게으른 사람에게 공평하지 못하다는 것이다. 그러므로 좋아하지만 그의 단점을 알고, 미워하지만 그의 장점을 아는 사람이 세상에 드문 것이다. 그러므로 속담에도 이런 말이 있다. "사람이란 제 자식 악한 줄 모르고, 제 곡식 싹 큰 줄 모른다." 이것이 몸이 가다듬어 지지 않으면 자신의 집안을 바로잡을 수 없다고 하는 것이다.

所謂齊其家在脩其身者, 人之其所親愛而辟焉, 之其所賤惡而辟焉, 之其所畏敬而辟焉, 之其所哀矜而辟焉, 之其所敖惰而辟焉, 故好而知其惡, 惡而知其美者, 天下鮮矣. 故諺有之曰: "人莫知其子之惡, 莫知其苗之碩." 此謂身不脩, 不可以齊其家.

　　사람은 누구에게나 장점과 단점이 있다. 내 자식이 아무리 훌륭하더라도 단점이 있기 마련이지만 친애하는 감정에 가려 그 단점을 바로잡아줄 줄 모르는 것이 부모의 마음이다. 나의 스승이나 부모가 단점이 있다 하더라도 두렵고 공경하는 마음 때문에 그 단점이 보이지 않는다. 애달피 호소하는 사람을 보면 가엾고 불쌍한 마음 때문에 잘못된 판단을 할 수 있고, 신분이 미천하고 천박한 사람이나 미운 사람이나 거만하고 게으른 사람이라 하더라도 장점이 있을 수 있지만 나의 선입견으로 인해 그 장점을 보지 못한다. 이것이 모두 처신함에 있어 공평함을 잃은 것이다.

　　성의와 정심의 단계를 거쳐, 수신이 제대로 되어 나의 덕이 밝아졌다면 이러한 오류를 면할 수 있을 것이다. 그러나 우리 대부분의 평범한 사람들은, 미운 사람은 하는 짓마다 밉고 고운 사람은 하는 짓마다 곱다고 여기며 산다. 제 자식은 곱기만 하고, 내 농사 잘 된 줄은 모르고 남의 농사 잘 되면 배 아파하면서 그렇게 살아간다. 그래서 편벽되지 않은 공평한 사람이 세상에 드물다고 한 것이다.

제가와 치국

　　이른바, 나라를 바르게 다스리려면 반드시 먼저 자신의 집안을 바로잡아야 한다는 것은 자신의 집안을 교화시키지 못하면서 남을 교화시킬 수 있는 사람은 없다는 것이다. 그러므로 군자는 집을 나서지 않고도 나라에 교화를 이룰 수 있다. 부모를 섬기는 도리인 효는 임금을 섬기는 도리가 되고, 형을 섬기는 도리인 공경(恭敬)은 어른을 섬기는 도리가 되고, 자식을 사랑하는 도리인 자애는 뭇 백성을 부리는 도리가 되는 것이다.

所謂治國必先齊其家者, 其家不可敎, 而能敎人者無之. 故君子不出家, 而成敎於國, 孝者所以事君也, 弟者所以事長也, 慈者所以使衆也.

이 문장은 수기(修己)하고 난 뒤에 치인(治人)하라는 말이다. 나의 수기가 이루어지고 나면 제가와 치국이 다른 일이 아니다. 집안에서 실천하는 효(孝)가 임금에게 충(忠)이 되고, 집안에서 실천하는 제(悌)가 어른을 섬기는 공경(恭敬)이 되며, 자식을 사랑하는 마음으로 백성을 사랑할 수 있게 되는 것이다. 집안이 잘 다스려지지 않는 것은 나의 수기가 부족하기 때문이니 나라는 더욱 다스릴 수 없다. 제가와 치국도 수기의 연장인 것이다.

치국과 평천하

이른바 온 세상을 올바르게 하는 것이 자신의 나라를 바르게 다스리는 일에 있다는 것은, 윗사람이 노인을 노인으로 섬기면 백성들 사이에 효의 기풍이 일어나고, 윗사람이 어른을 어른으로 섬기면 백성들 사이에 공경(恭敬)의 기풍이 일어나며, 윗사람이 불우한 사람들을 잘 보살피면 백성들이 배반하지 않는다는 것이다. 그러므로 군자에게는 나의 호오(好惡)의 잣대로 남을 헤아리는 도리가 있다. 윗사람에게 싫었던 것으로 아랫사람을 부리지 말 것이며, 아랫사람에게 싫었던 것으로 윗사람을 섬기지 말 것이며, 앞사람에게 싫었던 것을 뒷사람에게 내세우지 말 것이며, 뒷사람에게 싫었던 것으로 앞사람을 따르지 말 것이며, 오른쪽 사람에게 싫었던 것으로 왼쪽 사람을 사귀지 말 것이며, 왼쪽 사람에게 싫었던 것으로 오른쪽 사람을 사귀지 말 것이니, 이것을 잣대로 헤아리는 도리[絜矩之道]라고 한다.

所謂平天下在治其國者, 上老老而民興孝, 上長長而民興弟, 上恤孤而民不倍, 是以君子有絜矩之道也. 所惡於上, 毋以使下；所惡於下, 毋以事上；所惡於前, 毋以先後；所惡於後, 毋以從前；所惡於右, 毋以交於左；所惡於左, 毋以交於右. 此之謂絜矩之道.

치국과 평천하를 이야기하는 『대학』의 마지막 장에서 혈구지도(絜矩之道)를 이야기하였다. 『대학』의 저자는 아마 치인(治人)의 가장 중요한 원칙을 '혈구'라고 생각한 듯하다. 혈구는 나의 호오(好惡)에 비추어 남을 대하는 것으로 공자의 '서(恕)'와 비슷하다. 나라나 천하를 다스리는데 자신의 마음을 가지고 타인을 헤아리는 이상의 방법이 없다는 것이다. 윗사람이 나를 무례하게 대하는 것이 싫었다면 내가 윗사람이 되었을 때 아랫사람에게 무례하게 대하지 말 것이며, 아랫사람이 나에게 불손하게 대하는 것이 싫었다면 나는 윗사람에게 불손하지 않는 것이 혈구지도이다. 위정자가 이러한 마음을 확충하여 노인을 섬기고 어른을 공경하고 불우한 사람들을 잘 보살펴주면 백성들이 모두 본받고 따르게 되어 나라를 다스리고 천하를 경영하는 것이 어렵지 않다는 것이다.

2. 『논어』

군자의 삶

> 공자께서 말씀하셨다. "배우고 때때로 익히면 참으로 기쁘지 않은가! 뜻 맞는 벗이 멀리서 찾아오면 참으로 즐겁지 않은가! 사람들이 몰라주더라도 성내지 않으면 참으로 군자가 아닌가!"
>
> 子曰 : "學而時習之, 不亦說乎! 有朋自遠方來, 不亦樂乎! 人不知而不慍, 不亦君子乎!"

『논어』의 첫 문장이다. 『논어』가 아무리 체계 없이 편집되

었다 하더라도 첫 문장은 신중하게 골랐을 것이다. 스승의 참
모습을 볼 수 있는 말씀을 고민하여 적었을 것이다. 이 문장을
보면 그러하다. 공자라는 위대한 인물의 한 생애가 떠오른다.
사람들은 살아가면서 기쁘고 즐겁고자 한다. 그러나 그 기쁨
과 즐거움의 기준은 사람마다 다르다. 공자는 학습의 기쁨을
이야기한다. '학'은 모르는 것을 배우는 것이고, '습'은 배운
것을 익히는 것이다. 익힌다는 것은 날것을 익은 것으로 만드
는 일이니, 배우기만 하고 익히지 않으면 내 것이 되지 않는
다. '시(時)'자를 '때에 맞추어'라고 해석하는 사람들이 많다. 그
러나 배우고 익히는데 알맞은 때가 있는가? 시간을 골라서 익
힌다면 배우기를 좋아하는 사람이 아니다. 아마 '때때로'라고
해석하는 것이 옳을 것이다. 배우고 시간이 날 때마다 익히는
것이 공자는 정말 기뻤던 모양이다. '불역열호'의 구문을 보면
그렇다. '不 ~ 乎'의 구문은 부정의 감탄이다. '역'은 강조다.
아마 공자의 입말을 제자들이 받아 적었을 터인데, 정말 기쁘
지 않으면 이렇게 말할 수 없다. "정말 기쁘지 않은가"라는 말
은 정말 기쁠 때 나오는 말이다. 모르는 것을 알아가는 기쁨,
안 것을 내 것으로 만드는 기쁨을 정말 기쁘다고 말하는 공자
는 정말 배우기를 좋아하는 사람이었다.

공자는 친구가 찾아오면 즐겁다고 했다. 그냥 알고지내는
친구가 아니다. '붕'은 지향하는 바가 같은 친구이다. 가치관이
같아서 뜻이 통하는 친구이다. 사람들에게는 많은 즐거움이

있지만 공자는 이런 친구가 찾아오는 즐거움이 가장 컸던가
보다. 사람들은 벼슬이 올라가서 기쁘고 재물이 불어나서 기
쁘고 명예가 높아져서 즐겁지만 그런 기쁨과 즐거움은 공자의
기쁨과 즐거움이 아니다. 그래서 공자는 사람들이 자신을 알
아주지 않아도 화가 나지 않는 군자였던 것이다.

> 공자께서 말씀하셨다. "덕이 있는 사람은 외롭지 않다. 반
> 드시 이웃이 있다."
> 子曰 : "德不孤, 必有隣."

공자는 사람들이 자신을 알아주지 않는다고 했지만, 내심 은
근한 기대가 있었다. 덕이 있는 사람에게는 벗이 생기기 마련이
기 때문이다. 덕은 나의 내면에 충만한 도덕성이다. 덕으로 가득
찬 나의 내면은 숨길 수가 없다. 저절로 드러나기 때문이다. 사
람들은 그 덕이 드러난 모습을 보고 모여들어 감화 받는다. 덕
화(德化)다. 그러므로 덕이 있는 사람은 외롭지 않은 것이다.

> 공자께서 말씀하셨다. "군자는 여유로워 거리낄 것이 없지
> 만, 소인은 늘 근심에 차 있다."
> 子曰 : "君子坦蕩蕩, 小人長戚戚."

그래서 군자는 늘 걱정이 없다. 만족할 줄 아니 항상 여유롭고, 바른 길을 가니 거리낄 것이 없다. 그러나 소인은 늘 걱정이 많다. 돈이 없어서 걱정이고 돈이 많아서 근심이며, 벼슬이 낮아서 걱정이고 벼슬이 높아서 근심이다. 자식 걱정, 가족 걱정, 세상 걱정에 마음 편할 날이 없다. 우리네 인생살이가 다 그러하지만 공자는 그렇지 않았던 모양이다.

> 공자께서 말씀하셨다. "아침에 도를 들으면 저녁에 죽어도 좋다."
>
> 子曰 : "朝聞道, 夕死可矣."

참으로 결연한 말이다. 공자의 말이니 거짓으로 한 말일 리는 없다. 도는 사람이 가야하는 바른 길쯤 될 것이다. 공자는 형이상학의 문제에 대해 별반 관심을 가지지 않았기 때문이다. 공자는 현묘한, 그래서 사람들이 알기 어려운 신비스런 도를 추구한 사람이 아니기 때문이다. 어떻게 사는 것인 올바른 삶인가를 들으면 그 자리에서 죽어도 좋다는 말을 할 수 있는 사람은 그리 많지 않다. 군자의 길은 참으로 어렵고, 공자는 그 길을 결연히 갔던 사람이다.

> 공자께서 말씀하셨다. "인간의 삶은 원래 곧은 것이다, 곧지 않으면서도 살 수 있는 것은, 요행히 화를 면하고 사는 것이다."
>
> 子曰 : "人之生也直, 罔之生也, 幸而免."

무서운 말이다. 곧다는 것은 바르고 정직하다는 말이며, 진실 되어 거짓이 없다는 말이다. 사람은 원래 그렇게 살도록 태어났기에 그렇게 살아야 하는 것이다. 그런데 그렇게 살지 않는 사람들이 있다. 요행으로 살고 있는 것이다. 이 말을 하는 사람이 거짓된 길을 가고 있을 리 없다. 공자는 묵묵히 바른길을 간 군자인 것이다. 이 말을 보면 공자도 성선설을 믿은 듯하다.

인간과 현실

> 장저와 걸닉이 나란히 서서 밭을 갈고 있었다. 공자께서 지나시다가, 자로를 시켜 나루터를 물어보도록 하셨다. 장저가 물었다. "저 수레 고삐를 잡고 있는 사람은 누구요?" 자로가 대답했다 "공구입니다." 다시 물었다. "그 사람이 노나라의 공구요?" "그렇습니다" 하자, "그 사람은 나루터를 알고 있소"라고 하였다. 다시 걸닉에게 나루터를 물으니 걸닉이 물었다. "그대는 누구요?" 자로가 대답했다. "중유입니다." 걸

닉이 다시 물었다. "그대는 노나라 공구의 제자요?" 자로가 대답했다. "그렇습니다." 걸닉이 말했다. "천하가 모두 도도히 흘러가니 누가 바꿀 수 있으리오? 그대도 사람을 가리는 선비를 따르는 것보다 세상을 피해 사는 선비를 따르는 것이 낫지 않겠는가" 하고는 씨앗 덮는 일을 멈추지 않았다. 자로가 가서 그 말을 전하자, 공자께서는 씁쓸한 듯이 말씀하셨다. "새와 짐승들과는 더불어 함께 살 수 없다. 내가 사람의 무리와 함께 살지 않고, 누구와 함께 살겠는가? 천하에 도가 있으면, 내가 바꾸려 하지 않았을 것이다."

長沮桀溺耦而耕, 孔子過之, 使子路問津焉. 長沮曰: "夫執輿者爲誰?" 子路曰: "爲孔丘." 曰: "是魯孔丘與?" 曰: "是也." 曰: "是知津矣." 問於桀溺. 桀溺曰: "子爲誰?" 曰: "爲仲由." 曰: "是魯孔丘之徒與?" 對曰: "然." 曰: "滔滔者天下皆是也, 而誰以易之? 且而與其從辟人之士也, 豈若從辟世之士哉?" 耰而不輟. 子路行以告. 夫子憮然曰: "鳥獸不可與同羣, 吾非斯人之徒與而誰與? 天下有道, 丘不與易也."

긴 문장인데 스토리가 있어 재미있다. 장저와 걸닉은 지혜로운 은둔자들이다. 잘못되어가고 있는 세상이지만 도도한 세상의 흐름을 바꿀 수 없기에 스스로의 가치를 지키며 숨어사는 사람들이다. 노나라의 공자라는 대답에 그 사람은 나루터를 알고 있다고 하는 대목은 신비롭기까지 하다. 나루터를 몰라서 물었는데 나루터를 알고 있다니! 공자는 나루터를 물었

지만 장저는 인생의 길로 대답한 것이다. 공자는 인간이 가야
할 길, 도(道)를 알고 있다는 말이다. 도가 없는 세상에서 애써
도를 가고 있는 공자가 안타깝다는 말이다. 자기를 등용해 줄
눈 밝은 사람을 찾아다니는 공자를 보면서, 자기네들처럼 잘
못되어가고 있는 세상을 피해 살면 될 것이라고 생각했다. 그
래서 장저와 걸닉은 지혜로운 은둔자들임이 분명하다. 그러나
장저와 걸닉은 『논어』에 이름이 한 번 나오는 것으로 끝났다.
  공자는 달랐다. 사람은 사람과 어울려 살아야한다. 세상이
잘못 흘러가고 있으면 세상을 바꿔야 한다. 사람이 사람과 어
울려 조화롭게 사는 세상, 이것을 만들기 위해 공자는 천하를
유랑하고 있는 것이다. 장저와 걸닉처럼 세상을 피해버리는
것은 쉽다. 세상에 대한 욕망만 끊어버리면 된다. 그러나 그
세상을 바꾸는 것은 어렵다. 그 어려운 길을 공자는 가고 있는
것이다. 혼자만 고고하게 사는 것이 아니라, 세상사람들이 다
조화롭게 살도록 만들기 위해서 말이다. 이 지점이 유가와 도
가의 갈림길이다.

  자공이 말하였다. "선생님의 문장(文章)은 들을 수 있었으나
선생님께서 성(性)과 천도(天道)에 대해서 말씀하시는 것은 들
어본 적이 없다."
  子貢曰 : "夫子之文章, 可得而聞也, 夫子之言性與天道, 不可得而聞也."

　'문장(文章)'의 원래 뜻은 무늬이다. 해와 달과 별은 하늘의 무늬이고, 산과 강은 땅의 무늬이며, 인간의 무늬는 예악형정(禮樂刑政)과 전장제도(典章制度)이다. 공자가 예악형정과 전장제도에 대해 말씀하시는 것을 들었지만, 성이나 천도에 대해 말씀하시는 것은 듣지 못했다는 말이다. 공자는 추상적이고 형이상학적인 문제에 대해 언급하지 않았던 것이다. 그랬다. 공자의 관심은 오직 인간의 삶과 관련한 문제에만 집중되었다. 나와 남이 모여서 공동체를 이루어 사는 세상, 그 세상의 갈등을 줄여 조화롭고 아름다운 세상을 만들고 싶었다. 그래서 합리적인 전장제도를 만들고, 예악과 형정으로 올바른 다스림을 이루어야 한다. 인간의 본성은 어떠한가? 하늘의 도는 어떤 것인가? 이런 문제들에 대해 공자의 견해가 없지는 않았을 것이지만, 이런 문제들은 긴요한 것이 아니다. 여기서 우리는 공자의 지향을 극명하게 볼 수 있다.

　　자로가 귀신 섬기는 일에 대해 묻자, 공자께서 "사람도 잘 섬기지 못하는데 어찌 귀신을 잘 섬길 수 있겠는가" 하셨다. 다시 "감히 죽음에 대해 여쭈어봅니다" 하자, "삶도 알지 못하는데 어찌 죽음을 알겠는가" 하셨다.
　　季路問事鬼神. 子曰 : "未能事人, 焉能事鬼?" 曰 : "敢問死." 曰 : "未知生, 焉知死?"

이 문장도 마찬가지다. 공자의 관심이 사람 사는 일에 향하고 있음을 보여준다. 귀신이나 죽음의 문제는 의미 있는 문제이기는 하나 사람 사는 문제만큼 중요한 것은 아니다. 이 역시 공자의 지향을 잘 볼 수 있는 문장이다.

인(仁)에 대하여

- 중궁이 인(仁)에 대해 묻자 공자께서 말씀하셨다. "집밖에 나가서는 큰 손님을 만난 듯이 행동하고 백성을 부릴 때는 큰 제사를 받들듯이 조심하는 것이 인이다. 내가 하기 싫은 일은 남에게도 강요하지 마라."
  仲弓問仁. 子曰 : "出門如見大賓, 使民如承大祭. 己所不欲, 勿施於人."
- 사마우가 인에 대해 묻자 공자께서 말씀하셨다. "어진 사람은 말을 아낀다."
  司馬牛問仁. 子曰 : "仁者, 其言也訒."
- 번지가 인에 대해 묻자 공자께서 말씀하셨다. "사람을 사랑하는 것이다."
  樊遲問仁. 子曰 : "愛人."
- 번지가 인에 대해 묻자 공자께서 말씀하셨다. "집안에 거처할 때는 공손하고, 일을 맡았을 때는 경건하게 처리하며, 남과 어울릴 때 최선을 다한다면 비록 오랑캐 땅에 가더라도 버림받지 않을 것이다."
  樊遲問仁. 子曰 : "居處恭, 執事敬, 與人忠. 雖之夷狄, 不可棄也."

- 번지가 인에 대해 묻자 공자께서 말씀하셨다. "어진 사람
  은 어려운 일은 남보다 먼저 하고 소득이 있는 일은 남보다
  뒤에 한다. 이렇게 한다면 어질다고 할 수 있을 것이다."
  樊遲問仁. 曰 : "仁者先難而後獲, 可謂仁矣."
- 공자께서 말씀하셨다. "강인하고 굳세며 질박하고 말이 번
  지르르하지 않다면 인에 가까울 것이다."
  子曰 : "剛毅木訥近仁."
- 안연이 인에 대해 묻자 공자께서 말씀하셨다. "나를 이겨
  예를 회복하는 것이 인이다."
  顔淵問仁. 子曰 : "克己復禮爲仁."

인(仁)은 공자사상의 핵심이다. 그러므로 『논어』에 출현빈도
가 높다. 필자는 공자의 사상을 인과 예(禮) 두 글자로 요약한
다. 공자의 관심은 추상적이고 형이상학적인 것이 아니라 현
실의 문제와 인간의 문제였다. 공자가 목도한 현실은 춘추말
기의 힘의 논리가 지배하는 사회였다. 사회 정의를 실현하던
예도 무너지고 대의명분도 사라져가고 있었다. 공자는 이 사
회를 어떻게 하면 조화로운 공동체로 만들 것인지를 두고 고
민했다. 그 고민의 결과를 필자는 인과 예로 보는 것이다.

'인'이라고 하면 아마 '어짊'이나 '사랑'이란 단어를 떠 올릴
것이다. 그러나 필자가 모아본 위의 인에 관한 공자의 언설들
은 그리 단순하지 않다. 너무도 많은 덕목들을 포함하고 있는

것이다. 공자가 말하고 있는 이 많은 인의 공통분모는 무엇일까? 마치 제자들이 물어볼 때마다 생각나는 대로 말한 듯한 이 말들의 공통분모는 과연 없는 것인가? 한마디 한마디가 모두 의미 깊고 교훈성이 큰 말들이지만 이것을 모두 인이라고 할 때, 인은 공통분모를 찾을 수 없는 모호한 개념이 되고 만다. 특히 번지라는 제자는 3회에 걸쳐 인을 물었는데, 그때마다 공자의 대답은 달랐다.

그러나 공자처럼 위대한 인물이 자기 사상의 핵심인 인을 생각나는 대로 말하였을 리는 없다. 이 언설들을 자세히 음미해보면 물어본 제자들의 모습이 보인다. 스스로가 하기 싫은 일을 남에게 시키곤 하는 중궁, 말이 많은 사마우, 이기적인 번지 등이다. 공자는 제자들이 인에 대해 물을 때마다 그 제자의 부족한 덕목을 제시하고 그것을 인이라고 한 것이다. 공자는 인이야말로 그런 모든 덕목들을 포괄할 수 있는 개념이라고 생각한 것이다. 이것이 바로 우리가 찾던 공통분모다. 모든 덕목들의 총체가 인인 것이다. 무엇을 위한 덕목인가? 공동체 사회를 조화롭게 영위하기 위한 덕목들이다. 무인도에 혼자 사는 사람에게는 덕목이 필요 없다. 하고 싶은 대로 하고 살면 된다. 그러나 공동체 사회에서 사람들이 하고 싶은 대로 하고 살 수는 없다. 나의 욕망과 남의 욕망이 충돌할 때 갈등이 생기기 때문이다. 그러면 공동체의 조화가 깨어진다. 그래서 도덕이 필요한 것이다. 여러 가지 도덕들이 있을 것이지만 전체를 한 마디로 말하면 인이다. 공동체 사회를 조화롭게 영위하기 위해 인간에게 필요한 덕목의 총체가 바로 인인 것이다.

증자(曾子)가 말씀하였다. "선비는 회포가 넓고 굳세지 않을 수가 없으니, 책임이 무겁고 길이 멀기 때문이다. 인으로써 나의 임무로 삼으니 무겁지 않은가! 죽어서야 그만둘 수 있으니 멀지 않은가!"

曾子曰 : "士不可以不弘毅, 任重而道遠. 仁以爲己任, 不亦重乎? 死而後已, 不亦遠乎?"

증자는 공자의 도통을 이은 제자다. 본디 노둔하였으나 성실하고 효심이 깊었으며, 부지런히 자신을 갈고 닦아 공자의 그 많은 제자들 가운데 홀로 도통을 이은 것이다. 그 증자가 공자의 인을 깊이 체득하였다. 선비가 죽을 때까지 실천해야 하는 한 가지는 인이라는 것이다. 덕목의 총체로서의 인에 대한 통찰이 없이는 하기 어려운 말이다. 공자의 도통을 이었다는 후대의 평가가 지나친 것이 아니다. 증자가 이 말을 한 뒤로 '책임이 무겁고 길이 멀다[任重道遠]'는 말은 선비의 일생을 가리키는 말이 되었다.

예(禮)에 대하여

진강이 백어에게 물었다. "선생님께 특별한 이야기를 들은 것이 있습니까?" 대답하여 말하였다. "없습니다. 예전에 혼자서 계실 때 제가 종종걸음으로 뜰을 지나가니 '시(詩)를 배웠느냐' 하고 물어보셨습니다. '아직 배우지 못했습니다' 하고 대답하자 '시를 배우지 않으면 말을 제대로 못한다' 하시기에 물러나와 시를 공부하였습니다. 다른 날 또 혼자 서 계실 때 종종걸음으로 뜰을 지나가자 '예(禮)를 배웠느냐' 하고 물어보셨습니다. '아직 배우지 못했습니다' 하자 '예를 배우지 않으면 사람답게 살아갈 수가 없다' 하시기에 물러나와 예를 공부하였습니다. 이 두 가지를 들었을 뿐입니다." 진강이 돌아와서 기뻐하며 "하나를 물어 세 가지를 알게 되었다. 시를 공부해야 하는 이유와 예를 공부해야 하는 이유를 알게 되었으며 군자는 아들을 멀리한다는 것을 알게 되었다" 하였다.

陳亢問於伯魚曰："子亦有異聞乎?" 對曰："未也. 嘗獨立, 鯉趨而過庭. 曰：'學詩乎?' 對曰, '未也.' '不學詩, 無以言.' 鯉退而學詩. 他日, 又獨立, 鯉趨而過庭. 曰：'學禮乎?' 對曰："未也.' '不學禮, 無以立.' 鯉退而學禮. 聞斯二者." 陳亢退而喜曰："問一得三, 聞詩聞禮, 又聞君子之遠其子也."

백어는 공자의 아들 공리의 자이다. 공자의 제자 진강(항)과 공리와의 이 대화로 두 가지의 전고가 만들어졌다. '정훈(庭訓)'이라는 말은 가정에서 배운 부형의 가르침이란 뜻이다. 많은 사람들이 정훈의 '정(庭)'을 가정인 줄 알고 있지만, 여기에서 보인 공자의 집 뜰이다. 정훈은 정확하게는 뜰에서 배운 가르침이라는 뜻이니 이 문장에서 유래한 말이다. '군자원기자(君子遠其子)'도 전통시대 선비들의 규범이 되었다. 자식을 일부러 멀리할 필요야 없지만 편애하지 않는다는 뜻일 것이다. 자식을 사랑하는 것은 보편적인 감정이지만 유학은 이 보편적인 감정이 윤리적 이성과 서로 부딪힐 때 후자를 따른다. 자식에 대한 자애는 저절로 그렇게 되지만 부모에 대한 효도는 자식에 대한 사랑만큼 자연스럽지 않다. 이럴 때 유학은 자애보다는 효도를 강조하는 것이다. 현대의 아버지들은 자식에 대한 사랑을 자연스럽게 표현하지만, 몇 십 년 전만 하더라도 이것은 금기사항이었다. 예전의 우리 아버지들은 엄격했고 자식은 아버지를 두려워했다. 공자가 모범을 보인 이 구절의 영향이 컸을 것이다.

필자가 예(禮)를 설명하는 단락에서 이 문장을 인용한 것은 '不學禮, 無以立'이란 구절 때문이다. '예를 배우지 않으면 사람답게 살아갈 수가 없다'고 번역하였지만, 정확하게 번역하면 '예를 배우지 않으면 설 수가 없다'이다. 선다는 것은 인격적 주체로서 공동체의 일원으로 살아갈 수 있다는 뜻이기에 그렇게 번역한 것이다. 공자에게 예는 그런 것이었다. 사람이 사람답게 살기 위해 지켜야 할 것들이고, 앞에서 말한 인과 관련시켜 말하면 공동체 사회를 조화롭게 영위하기 위한 행위의 원칙과 절차들이다. 그래서 필자가 공자 사상의 핵심을 인과 예라고 한 것이다. 인과 예는 공자사상의 안과 밖이다. 그것들이 필요한 이유는 공동체의 조화를 위해서다. 공동체의 구성원으로서의 인간은 내면에 충만한 인을 예로써 표현하며 살아가야 하는 존재인 것이다.

재아가 물었다. "삼년상은 일 년이면 충분할 것입니다. 군자가 삼 년 동안 예(禮)를 실천하지 않으면 예가 무너질 것이고, 군자가 삼 년 동안 악(樂)을 돌보지 않으면 악이 무너질 것입니다. 묵은 곡식이 다하고 새 곡식이 자라는데도 일 년이면 충분하고 불을 지피는 나무의 주기도 일 년이면 충분합니다." 공자께서 말씀하셨다. "부모가 돌아가시고 일 년이 지난 뒤 기름진 쌀밥을 먹고 비단옷을 입으면 네 마음이 편안하겠느냐?" "편안합니다." "네가 편안하다면 그렇게 해라. 군자는 상중에 맛있는 음식을 먹어도 달지 않고 좋은 음악을 들어도 즐겁지 않으며 그냥 있어도 불편한 법이다. 그러므로 하지 않는 것인데 지금 너는 편안하다니 그렇게 하여라." 재아가 나가고 나자 공자가 말씀하셨다. "재아는 어질지 않구나! 자식은 태어나서 삼 년이 지나야 부모의 품을 벗어나기에, 천하 사람들이 모두 삼년상을 치르는 것이다. 재아는 부모에 대한 삼 년의 추모기간을 아까워하는구나!"

宰我問 : "三年之喪, 期已久矣. 君子三年不爲禮, 禮必壞, 三年不爲樂, 樂必崩. 舊穀旣沒, 新穀旣升, 鑽燧改火, 期可已矣." 子曰 : "食夫

稻, 衣夫錦, 於女安乎?" 曰 : "安." "女安則爲之! 夫君子之居喪, 食旨
不甘, 聞樂不樂, 居處不安, 故不爲也. 今女安則爲之!" 宰我出. 子曰 :
"予之不仁也! 子生三年, 然後免於父母之懷. 夫三年之喪, 天下之通喪
也, 予也有三年之愛於其父母乎!"

　　유학이라고 하면 흔히들 지나친 예절이 떠오르면서 답답해
진다. 삼년상은 그 답답한 예절 가운데에서도 가장 중요한 예
였다. 그런데 공자 당시에도 이미 삼 년, 즉 만 2년의 상기가
지나치다고 여기는 제자가 있었던 것이다. 그러나 공자의 대
답은 단호하다. 부모가 품에 품어 키운 것이 3년이니 그 부모
가 돌아가시고 3년을 애도하는 것은 당연하다는 것이다. 여기
서 예에 대한 공자의 기본입장이 드러난다. 예라는 것은 내용
을 담는 형식인 것이다. 부모를 애도하는 마음은 내용이고, 그
내용을 담는 형식이 3년상이다. 내용이 없는 형식은 공허하다.
그래서 재아에게 마음 편한대로 하라고 한 것이다. 담을 내용
이 없으면 형식이 필요 없기 때문이다. 그러므로 예는 항상 내
용과 형식이 일치해야 한다. 이것이 예에 대한 공자의 기본입
장이다. '성인도 종시속(從時俗)'이라는 말이 있다. 성인도 시대
의 변화를 따른다는 말이다. 내용과 형식이 시대의 변화에 따
라 달라진다는 말이다. 그 시절은 3년 동안 상복을 입고 애도
하면서 아침저녁으로 상식을 올리고 수시로 곡을 하고 다른

모든 일을 그만두는 것이 가능했지만, 지금은 그럴 수 있는 시대가 아니다. 산부인과에서 태어나 어린이집에서 우유 먹고 자란 아이들에게는 부모에 대한 애틋함이 덜할 지도 모른다. 그럼 형식이 바뀌어야 한다. 그러므로 지금은 3년상을 치르지 않는 것이 형식과 내용의 일치를 말한 공자의 가르침이다. 그것이 공자의 예다.

> 임방이 예(禮)의 근본취지에 대해 물었다. 공자가 말씀하셨다. "참으로 훌륭한 질문이로다! 예는 사치하기보다는 차라리 검소할 것이며, 상(喪)은 절차에 익숙하기보다는 차라리 슬퍼할 일이다."
>
> 林放問禮之本. 子曰 : "大哉問! 禮, 與其奢也寧儉 ; 喪, 與其易也寧戚."

아무도 예의 근본취지를 묻지 않았다. 자잘한 예의 절차를 묻기는 하였지만 예의 근본정신이 무엇인지를 묻는 사람은 없었던 것이다. 그래서 공자가 훌륭한 질문이라고 한 것이다. 예를 실행한다고 값비싼 예물을 주고받고, 호화로운 장례를 치르며, 상례의 절차마다 사치스런 물품을 쓰는 것 따위는 예의 근본정신에 어긋난다는 것이다. 검소하지만 마음이 담긴 예물, 간소하지만 상주들의 슬픔이 넘치는 장례, 이런 것들이 예라는 것이다. 유가의 번문욕례를 말하지만 그것은 공자의 예가

아니다. 검소한 형식 속에 담긴 알찬 내용이야말로 공자가 가
르친 예였다.

> 공자께서 말씀하셨다. "사람들이 예를 많이들 이야기하지
> 만 예가 옥이며 비단에 있는 것이겠는가! 사람들이 악을 많
> 이들 이야기하지만 악이 종이며 북에 있는 것이겠는가!"
> 子曰 : "禮云禮云, 玉帛云乎哉? 樂云樂云, 鐘鼓云乎哉?"

　앞의 인용문과 같은 취지이다. 옥이며 비단으로 꾸미고 주
고받으며 장엄한 예를 실천한다고 하지만 나의 마음이 담기지
않는 예, 예의 근본정신이 사라진 예는 예가 아니다. 악은 유
가에서 예와 더불어 매우 소중하게 여긴 것이다. 예가 사람의
외면을 가다듬어 준다면 악은 사람의 내면을 순화시켜주기 때
문이다. 그러나 아무리 좋은 종을 치고 진귀한 북을 두드리며
음악을 연주하더라도 나의 심성을 다스릴 줄 모른다면 다 쓸
모없는 음악인 것이다. 예나 악이나 모두 근본정신이 결여된
채 형식만 남아있다면 그것은 공자의 예악이 아니다.

> 공자께서 말씀하셨다. "마면(麻冕)을 쓰는 것이 예에 맞지만
> 요즘 사람들은 순(純)으로 만든 모자를 쓴다. 검소하기 때문에
> 나는 대중들을 따를 것이다. 마루 아래에서 절하는 것이 예

> 에 맞는 행동인데 요즘 사람들은 마루 위에서 절을 하니 교만한 것이다. 비록 대중과 어긋나더라도 나는 마루 아래에서 절을 하리라."
>
> 子曰 : "麻冕, 禮也, 今也純, 儉, 吾從衆. 拜下, 禮也, 今拜乎上, 泰也. 雖違衆, 吾從下."

우리는 그동안 공자의 예를 너무나 많이 오해했다. 노신이 식인예교(食人禮敎)라고 했을 때 그 예는 공자의 예가 아니건만 우리는 그것이 공자의 예인 줄 알았다. 이제 이 문장을 보고 그런 오해들을 풀어야 한다. 모자 쓰는 일을 두고 한 공자의 말은 예에 어긋나더라도 검소함이라는 예의 근본정신을 따르겠다는 말이고, 절하는 것을 두고 한 공자의 말도 대중과 어긋나더라도 겸손함이라는 예의 근본정신을 따르겠다는 말이다. 예의 근본정신이 담기지 않은 예, 내용이 담기지 않은 예는 예가 아닌 것이다. 그래서 시대의 변화에 따라, 가치관의 변화에 따라 그 시대와 가치관을 담을 수 있는 예를 만들어 실천하는 것이야말로 진정한 공자의 가르침이다.

3. 『맹자』

사명감과 자부심

> 대저 하늘이 세상을 다스리고자 하지 않는 것이다. 만약 하늘이 세상을 다스리고자 한다면 지금 이 시대에 나를 버려 두고 그 누가 있겠는가!
>
> 夫天未欲平治天下也. 如欲平治天下, 當今之世, 舍我其誰也!

대단한 자부심이다. 그 시대에 세상을 바로잡을 사람은 자신뿐이라는 말이다. 당시 사람들은 이런 맹자가 우스웠을 것이다. 공자의 가르침인 왕도는 사라지고 패도의 논리, 힘의 논리가 지배하는 시대에 왕도를 주장하는 그는 분명 꽉 막힌 사람처럼 보였을 것이다. 그러나 그는 어리석은 사람이 아니다. 그 시대를 읽지 못해서 왕도를 주장한 것이 아니다. 공자가 그토록 갈구했던, 사람과 사람이 조화롭게 어울려 사는 아름다운 세상은 이 땅에 구현되어야 할 가치인 것이다. 지금 이 가치를 구현할 사람은 자신뿐이다. 공자를 가장 잘 이해하는 사람은 그 시대에 맹자뿐이었던 것이다. 맹자의 자부는 오만이 아니라 사명감이다.

> 세상 어디에서나 인정하는 존귀함이 세 가지가 있으니, 벼슬이 높은 것과 나이가 많은 것과 덕이 훌륭한 것이다. 조정에서는 벼슬이 으뜸이고, 고을에서는 나이가 으뜸이며, 세상을 이끌고 백성을 기르는 것은 덕이 으뜸이니, 어찌 그 가운데 하나만 가지고 있으면서 둘을 가지고 있는 사람을 능멸할 수 있겠는가!
>
> 天下有達尊三, 爵一齒一德一. 朝廷莫如爵, 鄕黨莫如齒, 輔世長民莫如德, 惡得有其一, 以慢其二哉!

이 문장은 배경이 있다. 맹자가 제나라에 있을 때의 일이다. 아침에 조정에 나가려 하는데 왕의 사자가 와서 왕이 감기가 들어 찾아뵙지 못하니 혹 올 수 있는지 물었다. 맹자는 자신도 병이 있어 갈 수 없다고 했다. 이튿날 맹자가 문상을 간 사이에 왕이 의사를 보내왔다. 제자가 당황하여 맹자가 병이 차도가 있어 조정에 갔다고 대답하고는 급히 맹자에게 사람을 보내어 집으로 돌아오지 말고 조정으로 가라고 권했다. 집에도 올 수 없고, 조정에도 가기 싫었던 맹자는 부득이 다른 곳에서 유숙했다. 그때 맹자가 한 말이 이 문장이다. 나는 나이도 많고 덕도 높은데, 왕은 지위가 높은 것만 믿고 나를 능멸한다는 말이다. 제나라에서 맹자의 신분은 객경(客卿)이었으니 왕의 신하는 아니다. 그래서 맹자의 논리가 맞는 듯하지만 왠지 억지처럼 들린다. 어쨌든 맹자의 자부심을 확인할 수 있는 문장이지만, 당시의 제후들은 이런 맹자를 달갑게 여기지 않았을 것이다.

이단과 싸우며

> 양씨[楊朱]는 자기만 소중하게 여기니 임금을 업신여기는 것이오, 묵씨[墨翟]는 골고루 사랑해야 한다고 하니 어버이를 업신여기는 것이다. 임금을 업신여기고 어버이를 업신여긴다면 금수와 다를 바가 없다.
>
> 楊氏爲我, 是無君也 ; 墨氏兼愛, 是無父也. 無父無君, 是禽獸也.

맹자는 공자학파의 용맹한 장수였다. 공자의 가르침과 다른 주장을 이야기하는 사람들은 모두 그의 적이었다. 양주(楊朱)의 위아(爲我)는 이기적인 사상이 아니다. 그는 털 한 오라기를 뽑아서 천하를 이롭게 할 수 있더라도 하지 않겠다고 한 사람이니 이기적으로 보일 수도 있다. 그러나 그가 그렇게 말한 취지는 도가의 '전생보진(全生保眞)' 사상과 맥락이 닿아있다. 인위를 거부하고 '저절로 그러한 무위[無爲自然]'를 주장한 도가는 태어날 때 가지고 태어난 참된 나를 지키는 것이 인생의 바른 길이라고 생각하는 사람들이다. 유가가 천하를 위해서 인위적인 노력을 하는 것은 참된 나를 해치는 일인 것이다. 한편 묵적(墨翟)은 겸애(兼愛)를 주장했다. 겸애는 평등한 사랑이다. 유가는 원래 차별적 사랑을 주장하여, 우리 집 노인을 먼저 잘 섬긴 뒤에 남의 집 노인도 섬기라고 했다. 그러나 묵적은 이런 사랑으로 전국시대의 혼란을 끝낼 수 없다고 생각했다. 모든 사람에게 평등한 사랑, 우리 집 아이에게나 이웃 집 아이에게나 동일하게 사랑을 베풀 때, 사랑이 넘치는 평화로운 세상이 될 것이라고 생각했다. 가능성이 없는 공허한 사상이기는 하지만 의미 있는 사상인 것은 분명하다.

맹자는 이것을 '아비도 없고 임금도 없는[無父無君]' 짐승들의 사상이라고 했다. 맹자의 용감함은 인정할 수 있지만, 양주나 묵적의 사상은 앞에서 말한 것처럼 맥락과 취지가 분명한 사상이다. 무부무군도 유가의 유부유군(有父有君)처럼 그 시대의 문제를 해결해 보려고 나온 사상들이기에 이렇게 혹독하게 비판을 받을 이유가 없다. 그러나 양주나 묵적의 사상은 곧 흔적 없이 사라지고 공자의 유가가 2,000년 동안 살아남은 것을 보면 사상의 우열은 말할 수 있을지 모른다. 어쨌든 맹자는 이처럼 이단을 공격하는 데 혹독하리만큼 용감했다.

"백이(伯夷)와 이윤(伊尹)은 어떻게 다릅니까?" 대답하기를, "지향하는 바가 다르다. 섬길만한 임금이 아니면 섬기지 않고, 부릴만한 백성이 아니면 부리지 않으며, 다스려진 시대에는 벼슬길에 나가고, 어지러운 시대에는 물러난 사람이 백이이다. 어떤 임금인들 섬기지 못할 것이며, 어떤 백성인들 부리지 못할 것인가 하며, 다스려진 시대에도 벼슬에 나가고, 어지러운 시대에도 벼슬에 나아간 사람이 이윤이다. 벼슬할 상황이면 벼슬하고, 물러날 상황이면 물러나며, 오래 있을 상황이면 오래 있고, 빨리 떠날 상황이면 떠나간 분이 공자이시니 모두 옛날의 성인들이시다. 내가 이 모든 분의 행동을 실천할 수는 없지만 내가 배우고 싶은 분은 공자이다.”

"伯夷伊尹何如?" 曰："不同道. 非其君不事, 非其民不使, 治則進, 亂則退, 伯夷也；何事非君, 何使非民, 治亦進, 亂亦進, 伊尹也；可以 仕則仕, 可以止則止, 可以久則久, 可以速則速, 孔子也. 皆古聖人也, 吾未能有行焉, 乃所願則學孔子也.

　　맹자가 이단을 공격하고 돌아온 곳은 공자의 품안이다. 그의 소원이 공자를 배우는 것이었으니, 공자와 다른 사상을 공격하는데 그토록 용감했던 것이다. 벼슬할 상황이면 벼슬하고, 물러날 상황이면 물러나며, 오래 있을 상황이면 오래 있고, 빨리 떠날 상황이면 떠나가는 것, 이것을 '시중(時中)'이라고 한다. 때에 맞는 중용, 상황에 따른 최선의 행동인 것이다. 맹자의 눈에 비친 공자는 이 시중을 실천한 군자였다. 맹자는 그 시중을 배우고 싶었다.

하늘과 인간에 대한 신뢰

『시경』에 말하였다. "하늘이 인류를 내심에, 사물이 있으면 법칙이 있도록 하셨다. 사람들은 도덕적 본성을 가지고 있기 때문에 이 아름다운 덕을 좋아한다."

詩曰 : "天生蒸民, 有物有則. 民之秉夷[彝], 好是懿德."

맹자는 성선설을 주장했다. 성선설은 성리학의 이론적 기반이니 그 영향력이 막대했다. 맹자는 사람의 본성이 착하다는 근거로 『시경』을 인용했다. 이 문장에는 맹자의 말이 없지만, 맹자가 이것을 인용했다면 이 말로 자기의 생각을 증명하려는 것이다. 하늘은 만물을 만드는 위대한 존재다. 그 하늘이 삼라만상에 모두 존재의 법칙을 부여했다. 인간에게 부여된 존재의 법칙은 무엇인가? 이륜(彝倫)이라고 하는 도덕적 본성이다. 맹자에게 하늘은 자연으로서의 하늘[自然之天]이 아니라 도덕의 하늘[道德之天]이었다. 하늘이 도덕적이기 때문에 그 하늘을 닮은 인간도 도덕적일 수밖에 없다. 그래서 인간은 태어날 때부터 덕(德)을 좋아하는 것이다. 맹자의 하늘에 대한 신뢰와 성선설의 근거가 잘 드러나는 문장이다.

만물이 모두 나에게 갖추어져 있으니, 자신을 돌이켜보아 진실하다면 그보다 더 즐거운 것은 없다.

萬物皆備於我矣. 反身而誠, 樂莫大焉.

참으로 위대한 말씀이다. 만물이 모두 나에게 있다는 말은 내가 없으면 만물이 없다는 말이고, 만물은 나를 위해 존재하는 것이라는 말이다. 이 세상에 인간만큼 위대한 존재는 없는 것이다. 인간이 이 우주의 주인공이라는 말이다. 기독교는 인간은 죄인으로 태어났기 때문에 속죄하는 삶을 살아야한다고 하고, 불교는 태어나는 순간부터 인간은 괴로운 존재라고 한다. 그러나 유교는 인간이 이 우주의 주인공으로 태어났다고 한다. 그러므로 인간은 태어남은 축복이다. 맹자는 이렇게 인간을 신뢰했다. 그럼 이 주인공은 어떻게 살아야 하는가? 진실[誠]하게 살아야 한다. 거짓 없이 살아야 한다. 앞에서 인간의 존재법칙을 도덕적 본성이라고 하였다면, 인간의 존재이유는 도덕적 실천이다. 인간은 거짓 없이 사는 도적적 실천을 할 때 무상의 즐거움을 느끼는 것이다. 맹자의 인간에 대한 신뢰가 잘 드러나는 문장이다.

하늘이 장차 이 사람에게 큰 임무를 맡기려 하시면 반드시 먼저 그의 심지를 고달프게 하고 그의 근육과 뼈를 힘들게 하며 그의 육체를 굶주리게 하고 그의 처지를 곤궁하게 하며 그가 하는 바를 어지럽게 하니, 마음을 분발시키고 성질을

참게 하여 그의 모자라는 능력을 길러주고자 하는 것이다.

天將降大任於是人也, 必先苦其心志, 勞其筋骨, 餓其體膚, 空乏其身, 行拂亂其所爲, 所以動心忍性, 曾益其所不能.

이런 문장에서 맹자의 힘을 느낀다. 우주의 주인공으로 태어난 인간에게는 무한한 가능성이 있다. 인간은 그 가능성을 바라보며 부단히 노력해서 문명도 이룩하고 문화도 만들어간다. 그 길에 시련도 있고 어려움도 있다. 그러나 그 시련과 어려움은 하늘이 크게 쓰려고 일부러 준 것들이다. 어려운 처지에서 꿈을 이루기 위해 노력하는 사람들에게 이 글은 무한한 격려이다. 인간에 대한 신뢰가 없이는 할 수 없는 말이다.

성선(性善)

등문공(滕文公)이 세자일 때 초나라에 가다가 송나라에 들러 맹자를 만났다. 맹자가 사람의 본성이 착함[性善]을 말하면서 말할 때마다 요임금과 순임금을 언급하였다. 세자가 초나라로부터 돌아오다가 다시 맹자를 만나자, 맹자가 "세자께서는 나의 말을 믿지 못하십니까? 대저 도는 하나일 뿐입니다. 성간이 제경공에게 '저 사람도 장부이고 나도 장부인데 내가 어찌 저 사람을 두려워하겠습니까' 하였으며, 안연은 '순임금은 어떤 사람이며 나는 어떤 사람인가! 훌륭한 일을 한다면 또한 순임금과 같이 될 수 있다' 하였습니다."

　滕文公爲世子, 將之楚, 過宋而見孟子. 孟子道性善, 言必稱堯舜. 世子自楚反, 復見孟子. 孟子曰 : "世子疑吾言乎? 夫道一而已矣. 成覵謂齊景公曰 : '彼丈夫也, 我丈夫也, 吾何畏彼哉!' 顔淵曰 : '舜何人也, 予何人也, 有爲者亦若是.'"

　맹자사상의 핵심이라고 할 수 있는 성선과 관련된 문장이다. 사람의 본성이 착하다는 증거로 맹자는 늘 요순을 이야기했다. '요임금과 순임금을 보라! 인간은 본래 요순처럼 착한 본성을 가지고 태어났으나 그 본성을 지키지 못했기 때문에 요순처럼 될 수 없는 것이다. 요순은 그 본성을 잘 가꾸고 지켜 저렇게 완전한 인간이 될 수 있었던 것이다.' 그러나 등나라의 세자는 그 말을 믿지 않았다. 요순의 그릇이 따로 있고, 범인(凡人)의 그릇이 따로 있다고 생각했다. 맹자는 단호하게 말한다. 노력하면 누구나 요순이 될 수 있다. 사람마다 요순이 될 수 있는 착한 본성을 가지고 태어났기에, '요임금도 사나이이고 나도 사나이인데, 나라고 저 요임금처럼 되지 말라는 법이 있는가', '순임금은 어떤 사람이고 나는 어떤 사람이기에 나는 순임금처럼 될 수 없다는 말인가' 하는 각오로 노력하면 요순이 될 수 있다. 인간에게 주는 최상의 격려이며 희망의 메시지이다. 성선에 대한 확신이 있었기에 할 수 있었던 말이다.

사람에게는 모두 타인에게 차마 하지 못하는 마음이 있다. 선왕들이 사람에게 차마 하지 못하는 마음이 있었기 때문에, 사람에게 차마 하지 못하는 정치가 있게 된 것이다. 사람에게 차마 하지 못하는 마음으로 사람에게 차마 하지 못하는 정치를 한다면 세상 다스리는 일은 손바닥 위에 올려놓고 하는 것처럼 쉽다. 사람들이 모두 타인에게 차마 하지 못하는 마음이 있다는 것은, 사람이 어린아이가 우물로 들어가는 것을 보고 누구나 두렵고 측은한 마음이 생기는 것에서 알 수 있다. 이는 어린아이의 부모와 사귀고자 해서도 아니고, 고을의 벗들에게 칭찬을 듣고자 함도 아니며, 나쁜 소문이 날 것을 싫어해서 그런 것도 아니다.

이것으로 본다면 측은하게 여기는 마음이 없다면 사람이 아니며, 부끄러워하고 미워하는 마음이 없다면 사람이 아니며, 사양하는 마음이 없다면 사람이 아니며, 시비를 가리는 마음이 없다면 사람이 아니다. 측은하게 여기는 마음은 인(仁)의 단서이고, 부끄러워하고 미워하는 마음은 의(義)의 단서이며, 사양하는 마음은 예(禮)의 단서이고, 시비를 가리는 마음은 지(智)의 단서이다. 사람에게 이 네 가지 단서가 있는 것은 사지가 있는 것과 같으니 이 네 가지 단서를 가지고서도 나는 잘 실천할 수가 없다고 하는 것은 스스로를 해치는 사람이요, 우리 임금이 잘 실천하도록 할 수가 없다고 하는 것은 그 임금을 해치는 사람이다. 나에게 있는 네 가지 단서를 확충시킬 줄 알기만 하면 마치 불이 타오르기 시작하고 샘이

솟아나기 시작하는 것처럼 채워지게 된다. 이렇게 채운다면 온 세상도 보전할 수가 있고, 만약에 채우지 못한다면 부모 섬기는 일도 하기 부족하다.

人皆有不忍人之心. 先王有不忍人之心, 斯有不忍人之政矣. 以不忍人之心, 行不忍人之政, 治天下可運之掌上. 所以謂人皆有不忍人之心者, 今人乍見孺子將入於井, 皆有怵惕惻隱之心, 非所以內交於孺子之父母也, 非所以要譽於鄕黨朋友也, 非惡其聲而然也. 由是觀之, 無惻隱之心, 非人也 ; 無羞惡之心, 非人也 ; 無辭讓之心, 非人也 ; 無是非之心, 非人也. 惻隱之心, 仁之端也 ; 羞惡之心, 義之端也 ; 辭讓之心, 禮之端也 ; 是非之心, 智之端也. 人之有是四端也, 猶其有四體也. 有是四端, 而自謂不能者, 自賊者也 ; 謂其君不能者, 賊其君者也. 凡有四端於我者, 知皆擴而充之矣, 若火之始然, 泉之始達. 苟能充之, 足以保四海 ; 苟不充之, 不足以事父母.

긴 문장이지만 중요한 문장이라서 전문을 인용했다. 유명한 사단(四端)을 말한 대목이다. 앞 단락에서는 사단의 소박한 근거를 제시하였고, 뒤의 단락에서는 사단의 확충을 말하였다. 맹자는 '성선'의 내용을 '인의예지'의 사덕(四德)이라고 하였고, 그 사덕의 단서를 사단이라고 하였다. 단서라는 말은 실마리라는 말이니, 어떤 일의 첫 단계다. 인을 실천하는 첫 단계가 측은하게 여기는 마음이라는 것이다. 우물로 들어가는 아이를 보고 부지불식간에 측은지심이 일어나는 것은 내 마음에 인이 있기 때문이니, 그러므로 사람의 본성은 착하다는 것이다.

사람들은 이렇게 착한 성품을 가지고 태어났지만 살아가다 보면 이 성품이 가려져서 어느덧 착한 성품이 있었던 것조차 잊고 살게 된다. 그러나 가끔씩은 우물에 빠지는 어린아이를 보고 측은지심이 생기듯이 착한 마음이 일어난다. 맹자는 이 때 이 마음을 놓치지 말라고 충고한다. 이렇게 생겨난 그 소중한 마음을 넓혀서 본래의 성품을 가득 채우라는 것이다. 이것이 확충이다. 어느 순간 일어나는 측은한 마음을 확충해 가면 나의 인이 가득 차게 되고, 내가 저지른 악이 부끄럽고 남이 저지른 악이 미운 마음을 확충해 가면 나의 의가 가득 차게 된다. 어느 순간 일어나는 양보하는 마음을 확충해 가면 나의 예가 가득 차게 되고, 옳은 일인지 그른 일인지 판단하려는 마음을 확충해 가면 나의 지가 가득 차게 된다. 인의예지가 없으면 사람이 아니라는 말은 사람은 원래 인의예지를 가지고 태어났다는 말이다. 성선인 것이다. 이렇게 나의 인의예지가 확충을 통해서 완전해지면 요순도 될 수 있고, 천하도 다스릴 수 있다. 이것이 사단과 사덕에 근거한 맹자의 성선설이다.

교육과 수양

> 배부르게 먹이고 따뜻하게 입히고 편안하게 살게만 하며 가르치지 않는다면 짐승에 가까워진다. 성인이 이를 걱정하

여 설(契)을 사도(司徒)로 임명하여 인륜을 가르치게 하였다. 아비와 아들에게는 친함이 있고 임금과 신하에게는 의리가 있으며, 남편과 아내에게는 구별이 있고, 어른과 아이에게는 질서가 있으며, 붕우에게는 믿음이 있어야 하는 것이다.

飽食煖衣逸居, 而無敎, 則近於禽獸. 聖人有憂之, 使契爲司徒, 敎以人倫 : 父子有親, 君臣有義, 夫婦有別, 長幼有序, 朋友有信.

그러므로 사람은 이제 사단을 확충하기 위해 교육을 받아야 한다. 사덕이 있는 줄도 모르고, 사단이 그 사덕의 단서인 줄도 모르고 살다보면 어느 순간 일어나는 그 단초를 확충할 수 없기 때문이다. 잘 먹고 잘 입고 사는 것만 즐거운 줄 알고 사단을 확충할 줄 모르면 배부른 돼지와 다름없다. 그래서 맹자는 부자유친, 군신유의, 부부유별, 장유유서, 붕우유신의 오륜을 말한다. 맹자는 인간과 인간의 관계에 주목한다. 도덕적 의무를 말한 것이 아니라 관계를 설정해 준 것이다. 관계에 대한 투철한 인식이 있으면, 그에 따른 실천은 저절로 이루어지기 때문이다. 아버지와 아들이 친한 관계임을 알게 되면, 아들은 아버지에게, 아버지는 아들에게 어떻게 해야 하는지 저절로 알게 되는 것이다. 여기서 '친함'이라는 말은 친구와 친하다는 그 친함이 아니다. 어떤 상황에서도 부정될 없는 선천적인 혈연관계이다. 자식이 미워서 호적을 파버려도 언제나 아들이며, 아버지가 싫어서 부자관계를 끊어도 언제나 아버지이다. 다음으로 맹자는 임금과 신하의 관계를 설정해준다. 의리를 지켜야 하는 관계라고 했다. 의리는 후천적인 것이다. 내가 이 땅에 태어나 벼슬을 하면서 당신의 녹봉을 먹고 있으니 충성해야하는 의리가 생긴 것이고, 내가 그대를 신하로 삼았으니 지켜주고 은혜를 베풀어야 할 의리가 생긴 것이다.

맹자가 부자유친을 군신유의보다 먼저 말한 대목도 눈여겨 봐야한다. 맹자는 가족윤리가 국가윤리에 우선한다고 생각한 것이다. 후천적인 의리는 상황이 변하면 사라지지만, 선천적인 친함은 어떤 상황에서도 사라지지 않는다. 충보다 효가 먼저 인 것이다. 이러하던 가족과 국가의 순서가 바뀐 것은 유학이 국가의 통치이데올로기가 된 한나라부터다. 그때의 동중서는 군위신강(君爲臣綱), 부위자강(父爲子綱), 부위부강(夫爲婦綱)의 삼강을 만들면서 군신을 부자보다 앞에 놓았다. 후천적인 의리가 선천적인 친함보다 중요한 시대가 된 것이다. 맹자가 주목한 '관계'도 '존비'로 바꾸었다. 임금이 신하의 벼리가 된다는 말은 신하는 임금에 의해 통제받아야 한다는 말이다. 벼리라는 것은 그물을 조이고 펴는 그물의 기준줄이다. 신하와 아들과 아내는 임금과 아버지와 남편이 벼리를 펴면 펴지고 벼리를 당기면 조이는 그런 존재가 된 것이다. 높고 낮음이 분명해 진 것이다.

우리는 삼강오륜이라고 붙여 말하여 삼강과 오륜이 같은 말인 줄 알지만 이처럼 차이가 크다. 필자는 오륜은 유가의 건강

한 윤리관이지만, 삼강은 목적에 의해서 유가의 이념을 왜곡시킨 것으로 본다. 부부유별과 장유유서, 붕우유신은 잘 알고 있는 내용이기에 설명을 생략한다.

> 입이 맛난 것을 먹고자하고, 눈이 아름다운 것을 보고자하고, 귀가 좋은 소리를 듣고자하고, 코가 향기로운 냄새를 맡고자하고, 사지가 편안하고자 하는 것은 인간의 본성이다. 그러나 인간에게는 명(命)이 있기 때문에 군자는 이런 것들을 본성이라고 하지 않는다.
>
> 口之於味也, 目之於色也, 耳之於聲也, 鼻之於臭也, 四肢之於安佚也, 性也. 有命焉, 君子不謂性也.

맹자가 성선을 말했으나 송대의 성리학자들은 당혹스러웠다. 인간의 본성이 다 착해 보이지도 않거니와 본성이 착하다면 애초에 악을 행할 마음은 어디서 오는 것인지를 설명할 수 없기 때문이다. 여기서 성리학자들은 성을 두 가지로 나누었다. 본연지성(本然之性)과 기질지성(氣質之性)이다. 본연지성은 본래부터 가지고 있는 맹자가 말한 성선의 성이고, 기질지성은 후천적으로 기질의 영향을 받아 생겨난 성품이다. 기질은 선악의 가능성을 모두 가지고 있기 때문에 기질지성도 악으로 흐를 가능성을 항상 가지고 있다고 하였다. 그래서 수양이라는 것은 바로 본연지성으로 기질지성을 다스리는 일이었다. 본

성리학자들이 이런 이론체계를 세우면서 인용한 근거가 위의 문장이다. 이 문장을 보면 성선을 주장한 맹자도 이 문제를 고민한 듯하다. 본성은 선하다고 했는데 인간에겐 감각적인 욕망이 본능적으로 존재하고 있기 때문이다. 부득이 맹자는 이 것도 성이라고 했다. 다만 여기에는 하늘의 도덕적 의지[命]가 들어있지 않기 때문에 군자들은 성으로 여기지 않는다고 했다.

왕도를 꿈꾸며

맹자가 양혜왕을 만났다. 왕이 "노인장께서 천리를 멀다 않으시고 오셨으니 장차 우리나라에 이로움이 있겠습니까?" 하였다. 맹자가 대답했다. "왕은 하필 이로움을 말하십니까? 오직 인의(仁義)가 있을 뿐입니다. 왕께서 '어떻게 하면 우리 나라를 이롭게 할 수 있을까?' 하시면 대부는 '어떻게 하면 우리 가문을 이롭게 할 수 있을까?' 하고 낮은 관리와 서민들 은 '어떻게 하면 내 한 몸을 이롭게 할 수 있을까?' 할 것이 니, 윗사람과 아랫사람이 서로 이익을 추구하게 되면 나라가 위태로워질 것입니다."

孟子見梁惠王 王曰："叟不遠千里而來, 亦將有以利吾國乎?" 孟子 對曰："王何必曰利, 亦有仁義而已矣. 王曰：'何以利吾國?' 大夫曰： '何以利吾家?' 士庶人曰：'何以利吾身? 上下交征利, 而國危矣.

필자는 이 문장을 처음 보았을 때 작은 떨림이 있었다. 나에게 이로울 것인지 해로울 것인지를 먼저 생각하는 것이 보통 사람들이 사는 방식인데, 맹자는 옳은지 옳지 않은지를 생각하라고 했다. 나에게 이롭더라도 옳지 않은 일을 해서는 안 되고, 나에게 이롭지 않더라도 옳은 일은 해야한다고 한 것이다. 늙은 맹자가 자신의 나라를 부강하게 만들어 줄 것을 기대한 양혜왕이 무색했을 것이다. 그때 사람들은 맹자의 이런 주장을 우활하다고 한 것이니, 공자가 그 시대를 살았더라도 그런 소리를 들었을 것이다. 그래서 맹자는 진정한 공자의 학생이다. 직접 배우지는 못했지만.

백성들이 살아가는 방법은, 일정한 생산이 있으면 변함없는 착한 마음을 가지게 되고, 일정한 생산이 없으면 변함없는 착한 마음을 가지지 못하는 것입니다. 만약 변함없는 착한 마음이 없어진다면, 방탕하고 편벽되며 사악하고 과분한 일을 하지 않음이 없을 것입니다. 죄에 빠지고 난 뒤에 이를 따라가 형벌을 가한다면 이는 백성을 그물질하는 것이니, 어찌 어진 사람이 다스리는 자리에 있으면서 백성을 그물질할 수 있겠습니까!

民之爲道也, 有恒産者, 有恒心, 無恒産者, 無恒心. 苟無恒心, 放辟邪侈, 無不爲已, 及陷乎罪, 然後從而刑之, 是罔民也. 焉有仁人在位, 罔民而可爲也!

이 글을 보면 맹자는 결코 우활한 사람이 아니다. 정치의 근본과 해결책을 정확하게 알고 있는 똑똑한 사람이다. 백성들은 일정한 수입이 있어서 먹고사는 일이 해결되어야 도덕도 실천한다는 것이다. 민생고가 해결이 안 되는데 바른생활을 요구하면 안 된다는 말이다. 맹자가 다른 곳에서 말한 "백성들은 먹는 사는 것을 하늘로 여긴다[民以食爲天]"는 것과 같은 뜻이다. 백성들의 민생고도 해결하지 못하고, 먹고살 길이 없어 저지른 범죄를 처벌하는 일에만 골몰한다면 이는 그물을 펼쳐 놓고 백성들이 걸려들기를 기다리는 짓이라고 했다. 덕으로 백성들을 다스리는 왕도, 그 왕도의 기본은 민생고를 해결하는 일이라는 것이다.

> 백성이 존귀하고 사직이 그 다음이며 임금은 가볍다.
> 民爲貴, 社稷次之, 君爲輕.

'국민은 존귀하고 대통령은 가볍다'라는 말은 지금도 그리 쉽게 하지는 않는다. 민주주의의 이념으로 보아 당연한 말이지만, 국민과 대통령이 개인으로 만나면 국민은 위축된다. 그런데 맹자는 왕권이 무소불위의 권력을 행사하던 그 시대에 이런 말을 했다. 이념으로든 실제로든 임금과 백성이 하늘과 땅이던 시대에 이런 말을 한 것이다. 그래서 신선하다. 맹자의 관념 속에 백성은 나라의 근본이고, 임금은 그 백성들의 추대로 나라를 다스리고 있는 존재에 불과했던 것이다. 백성이 나라의 근본이라는 말은 고대의 임금들이 가끔씩 하기도 했지만, 백성이 귀하고 임금은 가볍다는 말은 왕조시대의 일개 유학자가 쉽게 할 수 있는 말이 아니었다. 그래서 역대의 임금들은 맹자의 이 말을 무척 싫어했다. 명나라의 태조 주원장은 맹자의 초상화를 활로 쏘려고까지 했다.

혁명

> 제선왕이 물었다. "탕임금이 걸왕을 내치고 무왕이 주왕을 정벌하였다고 하는데 이런 일이 있었습니까?" 맹자가 대답하였다. "전해오는 기록에 있습니다." "신하가 그 임금을 시해하는 것이 옳은 일입니까?" "인을 해치는 자를 적(賊)이라 하고, 의를 해치는 자를 잔(殘)이라 하니, 잔적의 사람은 한 사람의 사내에 불과할 뿐입니다. 한 사내 주(紂)를 죽였다는 말은 들었으나 임금을 시해했다는 말은 듣지 못했습니다."
>
> 齊宣王問曰 : "湯放桀, 武王伐紂, 有諸?" 孟子對曰 : "於傳有之." 曰 : "臣弑其君可乎?" 曰 : "賊仁者謂之賊, 賊義者謂之殘, 殘賊之人謂之一夫. 聞誅一夫紂矣, 未聞弑君也."

그래서, 가볍기만 한 임금은 임금노릇을 제대로 못하면 쫓겨나는 것이 당연하다. 백성이라는 물은 임금이라는 배를 나아가게도 하고 뒤집기도 하니, 임금은 배를 잘 저어야 하는 것이다. 임금노릇을 제대로 못하는 임금은 이미 임금이 아니다. '한 녀석'에 불과하다. 그러므로 제대로 못하는 임금을 쫓아내는 신하도 백성도 역적이 아니다. 맹자의 혁명사상을 극명하게 드러내는 이 말도 역대의 군주들은 싫어했다. 지금 말하고 있는 제선왕도 불만스러워하고 있다. 그러나 맹자는 의연하게 경고한다. '당신도 임금노릇 제대로 못하면 쫓겨날 수 있다'고

4. 『중용』

하늘과 인간

> 하늘이 부여해 준 것을 본성이라고 하고, 본성대로 살아가는 것을 도라고 하며, 도에 따라 살도록 해 주는 것을 교육이라고 한다.
> 天命之謂性, 率性之謂道, 脩道之謂敎.

『중용』의 첫 문장이다. 주자의 성리학은 맹자의 성선설을 논리의 큰 줄기로 삼고 있다. 순자(荀子)처럼 사람의 본성이 악하다고 하면 성리학은 설 땅이 없어진다. 그러므로 송유(宋儒)들은 맹자를 공자 다음 가는 성인[亞聖]으로 떠받들고, 순자는

돌아보지도 않는다. 인성에 대한 『중용』의 기본 입장은 맹자와 같다. 주자의 말대로 자사가 『중용』을 짓고, 맹자는 자사의 제자의 제자라서 그런가?

맹자는 하늘이 인간을 내실 때부터 하늘의 도덕적 의지를 인간에게 부여하였다고 여겼다. 『중용』도 마찬가지다. 『중용』과 맹자와 성리학자들에게 하늘은 자연물이 아니다. 올바른 이치[義理]를 주재하는 도덕의 하늘이다. 그 하늘이 인간이 태어날 때 명한 것이 성(性)이다. 임금이 신하에게 벼슬을 주는 것도 명(命)이라고 하니 임금이 신하에게 벼슬을 주듯 하늘이 인간에게 성(性)을 주었다는 것이다.

의리를 주재하는 하늘이 인간에게 성을 주었다면 그 성이 악할 리가 없다. 그러나 인간에게는 태어날 때부터 감각적 욕망이 있다. 맹자 때부터 이것도 성이라고 생각하였다. 성리학자들은 이것은 하늘이 준 성이 아니라 육체가 만들어지면서 기질의 작용으로 생겨난 성이라고 생각하여 기질지성(氣質之性)이라고 하였다. 인간의 감각적 욕구가 다 부정적인 것은 아니듯이 기질지성도 나쁜 것은 아니다. 다만 선악의 가능성을 다 가지고 있어 좀 불안하다. 그래서 하늘이 준 성으로 기질의 성을 잘 다스려나가야 한다. 이 하늘이 준 성을 본연지성(本然之性)이라고 하였다. 그래서 원문을 번역할 때, 그냥 성이라고 하지 않고 '본성'이라고 하였다.

하늘이 본성을 주었기 때문에 인간은 도덕적 실천을 위한 인자(因子)를 가지게 되었다. 그러므로 이 본성대로 살아가기만 하면 바른 사람이 된다. 그러므로 본성대로 사는 것이 인간이 가야 할 길[道]인 것이다. '도'라는 단어는 한마디로 번역하기 어렵다. 서양인들도 도를 "The true way of life[삶의 바른 길]" 등으로 번역해 사용하다가 요즈음은 그냥 발음을 빌려 "Tao"라고 한다. 도의 기본적인 개념은 길이다. '도로'는 눈앞에 놓여진 보이는 길이지만 '도'는 보이지 않지만 가야 할 길이다. 천하만물에게는 모두 이 도가 있다. 그러므로 사람은 사람의 길을 가야하고 동물은 동물의 길을 가야 한다. 사람이 사람의 길을 가지 않으면 사람이 아니다.

그럼 무엇이 사람이 가야하는 길인가? 정답은 없다. 대답하는 사상가마다 말이 다르다. 성리학자들은 그 길이 올바른 이치[義理]라고 하였다. 좀 더 추상적으로 그냥 이치[理]라고 하였다. 이치대로 사는 것이 사람이 갈 길이라는 것이다. 그럼 이제는 이치가 무엇인지를 알아야 한다. 부모에게는 어떤 이치가 있고 자식에게는 어떤 이치가 있는가를 철저하게 파고 들어가야 한다. 이것이 '궁리(窮理)'다. 궁리의 결과로 자식에게 때로는 엄하게 때로는 자애롭게 대하는 것이 부모의 이치라는 것을 알게 되고, 부모에게 효도하는 것이 자식의 이치라는 것을 알게 된다. 알았으면 실천하면 된다. 이것이 갈 길이다.

그런데 이 이치는 나의 밖에 있는 것이 아니다. 적어도 인간이 가야 하는 길로써의 이치는 모두 나의 본성에 다 들어있다. 양명학자들은 인간뿐만 아니라 우주만물의 이치가 다 내 마음 속에 있다고 하였지만, 이 문제는 접어 두자. 성리학자든 양명학자든 인간이 가야하는 도덕적 당위(當爲)의 이치는 모두 나의 본성 안에 있다고 한다. 그래서 본성대로 살기만 하면 저절로 자애로운 부모가 되고 효성스런 자식이 된다. 그러나 사람들은 궁리를 하지 않아서 본성이 무엇인지 모른다. 혹 알더라도 세상의 잡다한 유혹으로 기질의 성이 기승을 부려 바르게 살지 못한다. 제 길을 못가는 것이다. 이 때 제 길을 가도록 바로잡아 주는 것이 교육이다. 유가가 생각하는 교육은 글자 한 자 더 가르치고 수학 공식 하나 더 가르치는 것이 아니다. 물론 그러한 지식도 가르쳐야 되지만 그것은 말단적인 교육이다. 교육의 본질은 제 길을 못 가는 사람을 제 길 가도록 다듬어 주는 것이 교육이다.

15자로 이루어진 짧은 문장이지만 참으로 큰 말이다. 하늘과 인간, 도(道)와 성(性), 교육의 본질 등 하나하나가 철학의 대주제들인데 몇 마디 말로 이들의 본질과 상호관계를 설파해버렸다. 동양의 선철(先哲)들은 참으로 생각이 깊었다.

기쁘고 노엽고 슬프고 즐거운 감정이 움직이지 않았을 때를 중(中)이라고 하고, 움직여 절도에 맞는 것을 화(和)라고 하니, 중이라는 것은 천하의 큰 근본이며, 화라는 것은 세상 어디에나 통하는 도이다. 중과 화를 지극히 하면 천지가 제자리를 잡고, 만물이 잘 길러지게 된다.

喜怒哀樂之未發, 謂之中 ; 發而皆中節, 謂之和. 中也者, 天下之大本也 ; 和也者, 天下之達道也. 致中和, 天地位焉, 萬物育焉.

희로애락은 감정이다. 감정이 희로애락뿐인 것은 아니지만 희로애락으로 인간의 모든 감정을 포괄하여 이야기한 것이다. 성리학자들은 이 감정을 정(情)이라고 하였다. 정은 마음이 움직여 성(性)이 밖으로 드러난 것이다. 마음이 움직이지 않았을 때는 성(性)으로 충만해 있다가 사물에 감촉되어 정이 생겨나는 것이다. 그러므로 성은 마음의 체(體)요, 정은 마음의 용(用)이다. 본성은 하늘로부터 받은 것이다. 그러므로 순선무악(純善無惡)하다. 이 순선무악한 본성이 나의 마음속에 가득 차 있다. 그러므로 어느 한 쪽으로 치우치거나 기울지 않으니[不偏不倚] 바로 '중(中)'이다. 이것은 성인이나 범부나 마찬가지다. 모두 하늘이 부여한 본성을 가지고 있기 때문이다. 그러므로 천하의 큰 근본인 것이다. 성인의 본성과 범부의 본성이 다르다면 근본이 될 수 없다.

성이 밖으로 드러나 정이 되는데, 이 정은 정도를 지나치기가 쉽다. 본성은 원래 선한 것이지만 기질(氣質)에 의하여 생겨난 기품(氣稟)과 인간의 감각적 욕망[人欲]이 작용하여 조절이 잘 안되기 때문이다. 그러므로 절도에 맞지 않게 된다. 노하지 않아야 할 일에 노하기도 하고, 1/3쯤 노해야 되는데 2/3쯤 노하기도 한다. 모두 절도에 맞지 않은 것이다. 이것을 절도에 맞도록 해야 한다. 쉬운 일이 아니지만 그러하도록 노력해야 한다. 그래서 절도에 맞게 된 상태를 '화(和)'라고 한다. 조화를 이루었다는 말이며, 어떤 기준에 부합되었다는 말이다. 어쨌든 화가 되면 어떤 상황 어떤 자리에서도 걸림이 없다. 그래서 달도(達道)인 것이다. '달'은 '통(通)'의 의미이다. 어디서나 통한다는 말이다.

그런데 중과 화는 정도가 있다. 성인과 범부가 다같이 성을 받아 태어났기 때문에 천하의 큰 근본인 중의 상태에 있지만, 군자는 이 성을 손상시키지 않기 위해 자기 수양을 게을리 하지 않는다. 혹 손상이 있게 되면 다시 기르고 늘 완벽한 상태를 유지 하고자 한다. 이것이 보존하고 기르는 존양(存養)의 공부다. 범부도 감정이 절도에 맞을 때가 있다. 그러나 늘 그런 것은 아니다. 늘 그런 것이 아닌 것을 늘 그러하도록 노력해야 한다. 성찰(省察)의 공부를 해야 하는 것이다. 정의 발현이 늘 화의 상태로 이루어지는지를 반성하고 살펴야 한다는 말이다. 존양성찰의 공부를 통해서 완벽한 상태의 중이 지속되고 항상 화가 이루어지는 것을 '치중화(致中和)'라고 한다. '치'는 지극한 상태로 만든다는 말이다. 중화가 지극한 상태로 계속 유지된다는 말이다.

완벽한 중이 이루어졌을 때 천지가 제자리를 잡고, 완벽한 화가 이루어졌을 때 만물이 잘 길러지게 된다고 하였다. 나의 치중화와 천지만물이 무슨 관계인가? 유가의 이론으로는 나와 천지만물은 본래 한 몸[一體]이었다. 공자는 원래 개체로서의 인간이 아니라 공동체 구성원으로서의 인간에 주목하며 인(仁)과 예(禮)를 강조하였다. 사람이 혼자 살면 인도 필요 없고 예도 필요 없다. 나와 남이 어울려 조화로운 공동체를 영위하기 위해 내면의 덕성인 인이 필요하였고, 행위의 규범인 예가 필요하였던 것이다. 그러므로 나와 남은 별개의 개체가 아니라 유기적으로 연결된 하나의 인자(因子)들이었다. 이 관념이 점차 확대되면서, 인간과 인간만이 아니라 천지만물과 나는 하나라는 관념이 형성된 것이다. 그러므로 나의 치중화가 천지의 위(位)와 만물의 육(育)을 이룰 수 있는 것이다. 좀 더 구체적으로 이야기하면, 내가 완벽한 중화를 이룰 때 나의 배우자와 자식으로부터 나의 형제와 부모, 나의 이웃과 친구로 나의 덕이 퍼져나가면서 모두 제 자리에서 제 역할을 하게 된다는 말이다. 이것이 수신을 통한 제가, 치국, 평천하이며, 치중화를 통한 천지위언(天地位焉), 만물육언(萬物育焉)인 것이다.

중용의 길

중니(仲尼)가 말씀하셨다. "군자는 중용(中庸)을 실천하고, 소
인은 중용과 반대로 행동한다." 군자가 중용을 실천한다는
것은 군자의 덕을 갖추고서 상황에 적절하게 행동하는 것이
고, 소인이 중용과 반대로 행동한다는 것은 소인의 마음으로
거리낌 없이 함부로 행동하는 것이다.

仲尼曰 : "君子中庸, 小人反中庸. 君子之中庸也, 君子而時中 ; 小人
之(反)中庸也, 小人而無忌憚也."

이 책의 제목인 '중용'이라는 단어가 나왔다. 주자는 '중'을
치우치지도 기울지도 않고[不偏不倚], 지나침도 모자람도 없다[無
過不及]는 뜻이라고 하였다. 두 구절이 동어반복처럼 보이지만
주자는 문자를 낭비하는 사람이 아니다. 이 두 구절에는 각각
의 의미가 있다. 전자는 천지의 큰 근본으로서 내 마음속에 미
발(未發)의 상태로 있을 때의 중이다. 근본이기 때문에, 내 마음
속에서 움직이지 않고 있기 때문에 치우침도 기울어짐도 없는
것이다. 후자는 사물이나 상황을 만나 내 마음이 이미 움직인
[已發] 상태에서, 지나치거나 모자라지 않게 세상 어디서나 통
하는 도리[達道]로 처신하는 것을 말한다. 전자가 중의 체(體)라
면, 후자는 중의 용(用)이다. 그러므로 중은 중간지점에서의 적
당한 타협이 아니다. 나는 100원을 줄려 하고 상인은 300원을

달라고 할 때 200원을 주고 사는 것이 중용이 아니다. 유가가 이야기하는 중은 '극(極)'이다. 용(用)을 가지고 이야기하자면, 주어진 상황에서 최선의 행동, 더 이상 올바를 수 없는 '지선(至善)'의 행동이 바로 중이다.

주자는 '용(庸)'을 평상(平常)이라고 하였다. 평범[平]하다는 말이며 바뀌지 않는다[常]는 말이다. 진리는 평범한 데 있다는 말이 있다. 누구나 알고 행하는 그 가운데 있는 길[道], 그래서 늘 그러하므로 바뀌지 않는 진리가 바로 '용'이다. 두 단어의 의미를 조합해보면, 일상(日常)에서의 지선(至善)이 바로 중용이다.

군자는 바로 이렇게 산다. 매일 매일의 일상들에서 올바른 길을 찾아 최선을 다하며 산다. 소인은 그렇게 살지 않는다. 그렇게 살지 못하는 것이 아니라 그렇게 살지 않는다. 하늘이 준 착한 성(性)을 가지고 태어났기에 그렇게 살 수 있는데 그렇게 살지 않는 것이다. 왜 그런가? 존양성찰(存養省察)의 노력을 하지 않아 덕을 기르지 못했기 때문이다. 원문의 '君子而', '小人而'의 '而'는 조건을 말한다. 군자의 조건은 무엇인가? 덕이다. 군자의 덕을 갖추고 나서 시중(時中)을 하는 것이 군자가 중용을 하는 방법이다. 소인에게는 군자의 덕이 없으니 소인의 마음뿐이다. 소인의 마음으로 기탄없이 행동하는 것이 소인의 '반중용(反中庸)'이다. '시중(時中)'은 무엇인가? 때에 따라 중용을 하라는 말이다. 나아가 벼슬할 상황이면 나아가고, 물러나 자신을 가꿀 때면 물러나는 것이 시중이다. 때를 아는 지혜는 덕에서 나온다. 소인은 덕을 기르지 않았기 때문에 '때'를 모르고 상황과 관계없이 함부로 행동한다. 소인도 가끔은 우연히 상황에 적절한 행동을 하는 수가 있다. 그러나 이것은 중용이 아니다. 군자의 덕이 없기 때문이다. 그래서 '而'는 조건이다.

> 공자가 말씀하셨다. "천하와 국가도 공평하게 다스릴 수 있으며, 벼슬과 녹봉도 사양할 수 있으며, 날이 선 칼날도 밟을 수 있지만, 중용은 실천할 수 없다."
> 子曰 : "天下國家可均也, 爵祿可辭也, 白刃可蹈也, 中庸不可能也."

중용이 참으로 어려움을 비유적으로 설명하였다. 칼날을 밟고 설 수 있는 용기 있는 사람들은 더러 있다. 벼슬과 녹봉은 사람마다 원하는 것이지만 분에 넘치는 것을 사양할 줄 하는 청렴한 사람도 있다. 더 나아가서는 나라와 세상을 사심 없이 공평하게 다스리는 유능한 정치가도 있다. 모두 쉬운 일은 아니지만 그렇게 하는 사람들이 간혹은 있다. 용기와 청렴함과 공평함을 지켜 나가는 이런 일들도 상황에 가장 적합한 중용일 수는 있다.

그러나 중용의 본질은 내 마음자리에 있다. 나만이 아는 마음의 움직임에 부끄러움이 없어야 한다. 위의 일들은 모두 남이 보고 아는 일들이다. 그래서 남들이 모두 용기 있다고 청렴하다고 유능하다고 칭찬한다. 그러나 남들이 모르는 그 마음자리에 부끄러움이 있다면 진정한 중용이 아니다. 공자는 그 마음자리를 돌아보기가 어려움을 말한 것이다. 주자는 이 세 가지 일은 어렵지만 쉬운 일이고, 중용은 쉽지만 어려운 일이라고 하였다. 특별한 일들이기 때문에 어렵지만 쉽고, 일상이기 때문에 쉽지만 어려운 것이다. 말이 매섭다.

어디에나 있는 도(道)

군자의 도는 쓰임이 넓으면서도 잘 드러나지 않는다. 평범한 부부처럼 어리석은 사람도 함께 알 수 있지만, 그 지극함에 이르러서는 비록 성인이라 하더라도 역시 알지 못하는 부분이 있다. 평범한 부부처럼 어질지 못한 사람도 실천할 수 있지만 그 지극함에 이르러서는 비록 성인이라고 하더라도 역시 실천할 수 없는 부분이 있다. 하늘과 땅처럼 위대한 존재에게도 사람들은 오히려 서운해 할 일이 있는 것이다. 그러므로 군자의 도는 크기로 말하면 천하도 실어낼 수 없고, 작기로 말하면 천하도 깨뜨릴 수 없다.

君子之道, 費而隱. 夫婦之愚, 可以與知焉, 及其至也, 雖聖人亦有所不知焉 ; 夫婦之不肖, 可以能行焉, 及其至也, 雖聖人亦有所不能焉. 天地之大也, 人猶有所憾, 故君子語大, 天下莫能載焉, 語小, 天下莫能破焉.

군자의 도는 중용의 도다. 군자가 가야 할 길은 중용의 길이라는 말이다. 중용의 길은 앞에서 보았듯이 우리 일상 어디에나 있는 것이다. 그러므로 부부처럼 어리석은 사람도 알고 실천할 수 있다는 말이다. 부부는 필부필부(匹夫匹婦)의 의미다. 특별할 것이 없이 만나서 자식 낳고 그저 그렇게 평범하게 사는 사람들이다. 그들도 무엇이 사람 사는 도리인지를 알아, 어른 섬기고 자식 사랑하며 산다는 말이다. 그러나 이것만이 중용의 도는 아니다. 넓이로 보자면 안과 밖이 없고 크기로 보자면 크고 작음이 없다. 삼라만상 어디에나 군자가 가야 할 중용의 길이 있기 때문에 그 오묘한 부분은 성인이라 하더라도 다 알고 다 실천할 수 없다. 성인만이 다 알지 못하고 다 행하지 못하는 것이 아니라 만물을 덮어주고 실어주는 천지조차도 때로는 추위와 더위의 시절을 어기는 등 질서에 어긋나 보이기도 하는 것이다. 그래서 사람들은 가뭄이 들면 하늘을 원망하고, 홍수가 나면 땅을 원망한다. 도는 흠결이 없지만 때로는 흠결이 있어 보이니 그 그러한 까닭을 알지 못하기 때문이다. 성인이라고 하더라도 하늘이 가뭄이 들게 한 까닭을 모르듯이 도는 미묘하여 잘 드러나지 않는 것이다.

크기로 비유해서 설명하자면 천하의 넓음으로도 이 도를 다 실을 수 없고, 작기로 설명하자면 천하의 무게로도 이 도를 깨뜨릴 수 없다. 깨뜨릴 수 없다는 것은 더 이상 쪼갤 수 없다는 말이니, 더 이상 쪼갤 수 없이 작다는 말이다. 인간이 발견한

물질의 최소 단위를 소립자라 하고 이 소립자의 기본 구성자를 쿼크(quark)라고 하던가. 쿼크에 또 내부구조가 있다면 여기에도 도[원리, 법칙]가 있다는 것이다.

> 『시경』에서 이르기를, "솔개는 날아 하늘에 이르고 물고기는 연못에서 뛰어 오른다" 하였으니, 이치가 아래위에서 밝게 드러남을 말한 것이다.
> 詩云 : "鳶飛戾天, 魚躍于淵." 言其上下察也.

『시경』의 이 구절은 원래 솔개가 날면 하늘에 이르고 물고기가 뛰면 연못에서 나오듯이 덕 있는 군자는 세상에 쓰인다는 뜻이었다. 그러나 『중용』의 저자는 이 시구에서 천하만물이 충만한 도의 유행(流行) 속에서 본래의 성품대로 살아가는 모습을 보고 있다. 솔개는 하늘을 나는 것이 본성이고, 물고기는 물에서 뛰어 오르는 것이 본성이다. 본성에 따라[率性] 제 길[道]을 가고 있는 솔개와 물고기에서 도가 두루 있음[遍在]을 본 것이다. 그래서 하늘과 땅 어디에서나 이치가 드러나 있다고 말한 것이다. 시구를 자의적인 뜻으로 인용한 단장취의(斷章取義)지만 뜻은 깊다.

> 군자의 도는 부부로부터 시작되지만 그 지극함에 이르러
> 서는 하늘과 땅에 밝게 드러난다.
> 君子之道, 造端乎夫婦, 及其至也, 察乎天地.

군자의 도가 부부에서 시작한다는 말이 무슨 말인가? 인간 관계에서 가장 가까운 관계가 부부다. 부부는 촌수가 없다고 하지 않던가! 더 이상 가까울 수 없는 부부 사이에도 도가 있는 것이다. 그러나 그것이 도의 전부는 아니다. '조단(造端)'이라는 말은 단서를 만든다는 말이니 시작한다는 말이다. 부부 사이는 도의 시작일 뿐이다. 여기서부터 잘 해야 한다. 여기서부터 잘해야 부자, 형제, 붕우, 군신의 도가 이루어지고 급기야는 천지간에 그 도가 드러나게 되는 것이다. 그래서 우리의 선조들은 부부 사이를 참 어렵게 여겼다.

하늘 배우기 : 진실함[誠]

> 진실함[誠]은 하늘의 도리이고 진실하고자 하는 것[誠之]은
> 사람의 도리이다. 진실함이란 노력하지 않아도 도리에 맞으
> 며 생각하지 않아도 저절로 얻는 것이니 성인이 그러하다.
> 진실하고자 하는 것은 바른 것을 가려 굳게 지키는 것이다.
> 널리 배우고 자세히 묻고 신중하게 생각하고 분명하게 따
> 지고 독실하게 실천해야 한다. 배우지 않을지언정 배우게 되

었으면 능숙하게 되지 않고는 그만두지 않으며, 묻지 않을지
언정 물었으면 알지 못하고는 그만두지 않으며, 생각하지 않
을지언정 생각하였으면 깨닫지 않고는 그만두지 않으며, 따
지지 않을지언정 따졌으면 분명해지지 않고는 그만두지 않으
며, 행하지 않을지언정 행하였으면 독실하지 않고는 그만두
지 않아야 하니, 남이 한 번에 그리하면 나는 백 번 할 것이
며 남이 열 번에 그리하면 나는 천 번을 하면 된다. 이러한
도리를 과감하게 실천하면 비록 어리석더라도 반드시 밝아지
며 비록 유약하더라도 반드시 강해질 것이다.

誠者, 天之道也 ; 誠之者, 人之道也. 誠者, 不勉而中, 不思而得, 從
容中道, 聖人也 ; 誠之者, 擇善而固執之者也. 博學之, 審問之, 愼思之,
明辨之, 篤行之. 有弗學, 學之, 弗能弗措也 ; 有弗問, 問之, 弗知弗措
也 ; 有弗思, 思之, 弗得弗措也 ; 有弗辨, 辨之, 弗明弗措也 ; 有弗行,
行之, 弗篤弗措也. 人一能之, 己百之 ; 人十能之, 己千之. 果能此道矣,
雖愚必明, 雖柔必強.

하늘은 거짓이 없다. 밤이 가면 낮이 오고, 가을이 가면 겨
울이 온다. 가을이 가고난 뒤 봄이 오는 도리는 없다. 잠시도
쉬지 않고 순간도 어긋남 없이 운행하는 천도의 숙연(肅然)함도
한 마디로 말하면 '진실함'에 불과하다. 인간은 이 천도의 '거
짓없음'을 배워야 한다. 그러므로 이 천도의 진실함을 잘 간직
하고 실천하는 사람은 노력하지 않아도 일마다 도리에 맞으니

성인의 경지이다. 그러나 보통 사람들은 이 천도의 진실함을 노력하여 배워야 한다. 간단하다. 바른 것을 가려서 굳게 지키면 된다. 간단하지만 쉬운 일은 아니다. 그 어려움을 다음 단락에서 말하고 있다.

다음 단락은 '진실하고자 함[誠之]'을 실천하는 방법론이다. 진실함[誠]이 무엇인지 확실하게 배우고 묻고 생각하고 따져야 한다. 대충대충 할 것 같으면 처음부터 시작하지 말아야 한다. 시작했으면 끝장을 보아야 하는 것이다. 이렇게 해서 알고 난 뒤에는 실천해야 한다. 진실함을 반드시 이루리라는 각오로 독실하게 실천해야 한다. 내가 어리석고 나약하다고 걱정할 필요는 없다. 다른 사람보다 100배 노력하면 이루어지지 않을 수가 없다. 『중용』의 작자는 '진실하고자 함'을 실천하는 방법을 말한 것이지만 이 문장의 가르침은 크고도 넓다. 이 문장은 목표를 세우고 일을 추진하는 모든 사람들을 고무시킨다. 남이 한 번 하면 나는 백 번 하고, 남이 열 번 하면 나는 천 번 하는 철저성. 이런 자세로 노력한다면 이루지 못할 목표가 없을 것이다. 그래서 우리 선조들은 이 문장을 좋아했다. 박학(博學), 심문(審問), 신사(愼思), 명변(明辨), 독행(篤行)을 금과옥조처럼 받들고, '남이 한 번 하면 나는 백 번 한다[人一能之, 己百之]'는 말을 좌우명으로 삼았다.

> 진실함이란 만물의 처음과 끝이니, 진실하지 않으면 만물이 없다. 이런 까닭으로 군자는 진실하고자 함을 귀하게 여긴다. 진실함이란 저절로 자기를 이룰 뿐 아니라 만물도 이루어준다. 자기를 이루는 것은 어짊이며, 만물을 이루는 것은 지혜이니, 어짊과 지혜는 모두 나의 진실한 본성이 가지고 있는 덕이다. 그러므로 진실함은 나와 만물이 하나가 되게 하는 도리이다. 그러므로 상황에 맞추어 적절하게 처리할 수 있는 것이다.
>
> 誠者, 物之終始 ; 不誠, 無物. 是故君子誠之爲貴. 誠者, 非自成己而已也, 所以成物也. 成己, 仁也, 成物, 知也, 性之德也. 合內外之道也, 故時措之宜也.

진실함이란 만물의 처음과 끝이다. 만물의 본성이기 때문이다. 이 본성대로 살지 못하면 사물은 없는 것과 마찬가지다. 진달래가 가을에 피면 진달래가 아니고, 사람이 진실하지 않으면 사람이 아닌 것이다. 불성(不誠)이면 무물(無物)인 것이다. 그러므로 군자는 진실하고자 노력한다. 그것이 사람 되는 길이기 때문이다. 군자의 진실하고자 하는 노력은 인을 통하여 이루어진다. 나의 어짊을 갈고 닦아 거짓 없는 진실함으로 나의 내면이 충만할 때 비로소 사람된 도리를 다하는 것이다. 자신을 완성한 것이다. 나의 내면이 진실하면 자신이 완성될 뿐만 아니라, 나 이외의 모든 존재들도 완성된다. 나의 진실함에 감화되어 완성되기도 하지만, 좀 더 적극적으로 나의 지혜로 그들의 미완성을 헤아려 진실함으로 이끌어주는 것이다. 나의 지혜로 그들을 본성대로 살도록 완성시켜주는 것이다. 나의 본성이 원래 가지고 있던 어짊과 지혜로 나와 만물이 다 함께 본성대로 살아가게 된 것이다. 그러므로 진실함은 나와 만물을 하나로 만들어주는 도리이다. 나와 만물이 하나가 되었을 때, 천하의 어떤 일이라도 어려울 것이 없다. 세상의 모든 일이 상황에 알맞게 처리되는 것이다. 시중(時中)이다. 성(誠)은 참으로 위대하다.

군자의 길

중니께서는 요순을 근본으로 삼아 그 도를 이어 전하시고, 문왕과 무왕을 법으로 삼아 지키시며, 위로는 하늘의 때를 따르시고, 아래로는 풍토와 조화를 이루셨다. 비유하자면 땅이 실어주지 않음이 없고 하늘이 덮어서 가리지 않음이 없는 것과 같으며, 비유하자면 사계절이 바뀌며 운행하고 해와 달이 교대로 빛나는 것과 같다.

仲尼祖述堯舜, 憲章文武, 上律天時, 下襲水土. 辟如天地之無不持載, 無不覆幬 ; 辟如四時之錯行, 如日月之代明.

위대한 군자 공자가 성덕(聖德)을 갖추어 요·순과 문·무의 도통을 계승하였음을 말하였다. 공자는 비록 성왕의 지위에 오르지는 못하였지만 하늘과 땅의 원리에 순응하여 천시(天時)를 따르고 수토(水土)와 조화를 이루었다. 천시를 따랐다는 것은 하늘이 안배한 원리에 따라 때에 알맞은 처신을 하였다는 것이니 시중(時中)을 말하는 것이며, 수토와 조화를 이루었다는 것은 머무르는 곳에 따라 가장 알맞은 처신을 하였다는 것이니, 예컨대 노나라에 있을 때는 소매가 긴 옷을 입고, 송나라에 있을 때는 장보관(章甫冠)을 쓰는 따위이다. 공자는 주어진 시간과 공간에서 최선의 실천을 하였으니 이것이 바로 중용의 도이고 군자의 길이다. 그러므로 그의 덕은 사시와 일월이 순환하는 것처럼 어긋남이 없고, 천지가 만물을 덮어주고 실어주는 덕과 합치된다.

『시』에서 "비단옷을 입고 홑옷을 덧입는다." 하였으니 그 문채가 드러남을 미워한 것이다. 그러므로 군자의 도는 어두운 듯하지만 날로 빛나고, 소인의 도는 분명한 듯하지만 날로 사라지는 것이다. 군자의 도는 담박하지만 싫어지지 않으며, 간소(簡素)하지만 아름다우며, 온유하지만 조리가 있으니, 먼 것이 가까운 것에서 비롯함을 알고, 바람이 불면 어디로부터 온 것인지를 알고, 은미(隱微)한 것이 드러남을 안다면, 덕(德)으로 들어갈 수 있을 것이다.

詩曰:"衣錦尙絅", 惡其文之著也. 故君子之道, 闇然而日章;小人之道, 的然而日亡. 君子之道, 淡而不厭, 簡而文, 溫而理, 知遠之近, 知風之自, 知微之顯, 可與入德矣.

   군자와 소인의 갈림길을 옷 입는 법을 가지고 설명하였다. 비단옷을 입고 얇은 옷을 덧입는 것은 비단의 화려한 문채를 가리고자 함이다. 속은 아름답고 겉은 소박한 것이 군자를 닮았다. 소박한 겉옷을 보고 사람들은 평범하다고 여기지만 비단의 무늬는 은은하게 우러나온다. 군자의 덕이 그러하다. 담박하고 소박하고 부드러워 사람들은 그를 우리네 보통 사람처럼 생각한다. 그러나 담박하기 때문에 싫증나지 않고, 소박하지만 은은한 덕이 우러나오며, 부드럽지만 사리를 분명하게 분별한다. 사리에 밝기 때문에 세상일의 추이를 헤아려 알고 근신한다. 그러므로 덕이 쌓이는 것이다. 소인은 비단옷을 입고 거리를 활보하는 사람과 같다. 겉은 화려하지만 내면에 온축된 덕이 없다. 사람들은 그 화려한 겉을 보고 군자인 줄 알고 다가가지만 곧 싫증이 난다. 덕이 없는 내면을 보게 된 것이다.

5. 『시경』

   『시경』의 시들은 해설 없이 원문과 번역만 싣는다. 강요된 감성으로는 제대로 감상할 수 없기 때문이다. 풍아송을 구분하지 않고 내용별로 분류하여 번역했다. 번역에 오류가 많을 것이다. 시의 완전한 번역은 애초에 불가능한 일이기 때문이다. 한문을 보는 눈이 밝은 독자가 원문과 대조해서 읽는다면 혹 필자의 오류가 보완될 수도 있을 것이다. 편장이 긴 작품은 잘라서 실었다.

사랑의 노래

〈꾸욱꾸욱 물수리[關雎]〉

關關雎鳩	꾸욱꾸욱 물수리
在河之洲	황하 모래톱에 앉았네.
窈窕淑女	그윽하고 아리따운 님
君子好逑	군자의 좋은 짝이라네.

參差荇菜	들쭉날쭉 마름풀
左右流之	이리저리 뜯는다네.
窈窕淑女	그윽하고 아리따운 님
寤寐求之	자나 깨나 찾았다네.
求之不得	찾아도 찾지를 못해
寤寐思服	자나 깨나 그립다네.
悠哉悠哉	그립고 그리워서
輾轉反側	이리 뒤척 저리 뒤척.

參差荇菜	들쭉날쭉 마름풀
左右采之	이리저리 캔다네.
窈窕淑女	그윽하고 아리따운 님
琴瑟友之	금과 슬처럼 사귀리라.

參差荇菜	들쭉날쭉 마름풀
左右芼之	이리저리 삶는다네.
窈窕淑女	그윽하고 아리따운 님
鐘鼓樂之	종과 북처럼 즐기리라.

〈수줍은 아가씨[靜女]〉

靜女其姝	수줍은 아가씨 예쁘기도 해
俟我於城隅	성모퉁이 기다린다 말하였다네.
愛而不見	사랑하는 그 님을 보지를 못해
搔首踟躕	머리만 긁적이며 머뭇거리네.

靜女其孌	수줍은 그 아가씨 어여쁘더니
貽我彤管	나에게 붉은 피리 건네준다네.
彤管有煒	붉은 피리 붉은 것이 아름답지만
說懌女美	우리 님 아름다움 더욱 기쁘네.

自牧歸荑	들판에서 어린 띠풀 따서 주거니
洵美且異	참으로 아름답고 어여쁘구나.
匪女之爲美	어린 띠풀 예쁜 것이 더 예쁜 것은
美人之貽	어여쁜 우리 님이 주셨기 때문이지.

〈칡 캐는 아가씨[采葛]〉

彼采葛兮	칡 캐는 저 아가씨
一日不見	하루를 못 본 것이

如三月兮　　석 달 같다네.

彼采蕭兮　　억새 캐는 저 아가씨
一日不見　　하루를 못 본 것이
如三秋兮　　아홉 달 같다네.

彼采艾兮　　쑥 캐는 저 아가씨
一日不見　　하루를 못 본 것이
如三歲兮　　삼 년 같다네.

〈둘째 도련님[將仲子]〉
將仲子兮　　바라건대 둘째 도련님
無踰我里　　우리마을 오지 마세요.
無折我樹杞　　내가 심은 버드나무 꺾지 마세요
豈敢愛之　　아깝기야 하겠어요?
畏我父母　　부모님이 두려워요
仲可懷也　　둘째 도련님 그립지만
父母之言　　부모님 그 말씀도
亦可畏也　　몹시 두렵답니다.

將仲子兮　　바라건대 둘째 도련님
無踰我牆　　우리집 담장 넘지 마세요
無折我樹桑　　내가 심은 뽕나무 꺾지 마세요.
豈敢愛之　　아깝기야 하겠어요?

畏我諸兄　　오빠언니 두려워요

仲可懷也　　둘째 도련님 그립지만

諸兄之言　　오빠언니 그 말씀도

亦可畏也　　몹시 두렵답니다.

將仲子兮　　바라건대 둘째 도련님

無踰我園　　우리집 뜰 넘지 마세요

無折我樹檀　　내가 심은 박달나무 꺾지 마세요.

豈敢愛之　　아깝기야 하겠어요?

畏人之多言　　사람들이 두려워요

仲可懷也　　둘째 도련님 그립지만

人之多言　　말 많은 사람들도

亦可畏也　　몹시 두렵답니다.

종군(從軍)의 시름

〈서방님[伯兮]〉

伯兮朅兮　　서방님 늠름하사

邦之桀兮　　나라의 호걸이시네.

伯也執殳　　서방님 창을 잡고

爲王前驅　　임금님 선봉 되셨네.

自伯之東　　서방님 동쪽으로 가시고부터

首如飛蓬　　내 머리는 날리는 쑥대 같다네.

豈無膏沐　　머리 감고 기름 바르지 않으랴마는

誰適爲容　　누구를 위해 단장할까?

其雨其雨　　비 올 듯 비 올 듯 비 아니 오고
杲杲出日　　해님만 쨍쨍 나오는구나.
願言思伯　　몹시도 그립구나 서방님이여
甘心首疾　　그리움에 아픈 머리 달게 견디리.

焉得諼草　　어찌하면 망우초를 얻어서
言樹之背　　북당에 심어 근심을 잊을까.
願言思伯　　몹시도 그립구나 서방님이여
使我心痗　　내마음 병이 들어 가눌 길 없네.

〈민둥산에 올라[陟岵]〉
陟彼岵兮　　저 민둥산에 올라
瞻望父兮　　아버지 계신 곳 바라보노라.
父曰　　　　아버지 말씀하시길
嗟予子行役　아! 내 아들 전쟁터에 나가
夙夜無已　　밤낮으로 쉬지도 못하리.
上愼旃哉　　바라건대 모름지기 조심하여서
猶來無止　　머물지 말고 어서 돌아와야지

陟彼屺兮　　저 산언덕에 올라
瞻望母兮　　어머니 계신 곳 바라보노라.
母曰　　　　어머니 말씀하시길

嗟予季行役	아! 우리 막내 전쟁터에 나가
夙夜無寐	밤낮으로 잠도 못 자리.
上慎旃哉	바라건대 모름지기 조심하여서
猶來無棄	죽지 말고 살아서 돌아와야지.

〈너새의 날갯짓[鴇羽]〉

肅肅鴇羽	너새가 푸드덕 날갯짓 하며
集于苞栩	상수리 덤불에 내려앉았네.
王事靡盬	임금님 일 단단히 하지 않을 수 없어
不能蓺稷黍	피 기장 심지도 못했네.
父母何怙	부모님은 무엇을 믿고 사실까?
悠悠蒼天	아득한 저 푸른 하늘이시여!
曷其有所	고향에 머무를 날 그 언제일까?

肅肅鴇翼	너새가 푸드덕 날갯짓 하며
集于苞棘	가시나무 덤불에 내려앉았네.
王事靡盬	임금님 일 단단히 하지 않을 수 없어
不能蓺黍稷	기장 피 심지도 못했네.
父母何食	부모님은 무엇을 먹고 사실까?
悠悠蒼天	아득한 저 푸른 하늘이시여!
曷其有極	이 전쟁 그칠 날 그 언제일까?

〈고사리를 캐며[采薇]〉

| 采薇采薇 | 고사리 캐세 고사리 캐세 |

薇亦作止　　어느새 고사리가 돋아났다네.

日歸日歸　　돌아가세 돌아가세

歲亦莫止　　이 해도 어느덧 저물어 간다네.

靡室靡家　　집도 없이 가족과 헤어진 것이

玁狁之故　　모두가 저 오랑캐 때문이라네.

不遑啓居　　편안히 거처할 겨를이 없는 것이

玁狁之故　　모두가 저 오랑캐 때문이라네.

采薇采薇　　고사리 캐세 고사리 캐세

薇亦柔止　　어느새 고사리가 싹이 났다네.

日歸日歸　　돌아가세 돌아가세

心亦憂止　　이 마음 몹시도 시름겹다네.

憂心烈烈　　마음 속 시름이 타는 듯하여

載飢載渴　　몹시도 배고프고 목마르다네.

我戍未定　　내 수자리 일이 끝나지 않아서

靡使歸聘　　나로 하여금 돌아가지 못하게 하네.

采薇采薇　　고사리 캐세 고사리 캐세

薇亦剛止　　고사리 어느덧 쇠어버렸네.

日歸日歸　　돌아가세 돌아가세

歲亦陽止　　이 해도 다 가고 어느덧 시월이네.

王事靡盬　　나랏일 단단하게 하지 않을 수 없어

不遑啓處　　편안히 거처할 겨를이 없다네.

憂心孔疚　　마음이 시름겨워 병이 들어도

我行不來　　돌아갈 그 날은 오지 않는구나.

昔我往矣　　지난 날 내가 떠나 올 때에

楊柳依依　　버드나무 하늘하늘 전송하였지.

今我來思　　지금에 내가 다시 돌아오는 날

雨雪霏霏　　함박눈 펄펄 휘날린다네.

行道遲遲　　가는 길 멀고도 멀어

載渴載飢　　몹시도 목마르고 배고프다네.

我心傷悲　　내 마음 몹시도 서글프거늘

莫知我哀　　내 슬픔 아무도 몰라준다네.

부모님 은혜

〈잘 자란 지칭개[蓼莪]〉

蓼蓼者莪　　잘 자란 지칭개여!

匪莪伊蒿　　지칭갠가 했더니 다북쑥일세.

哀哀父母　　애달프다 부모시여

生我劬勞　　날 낳으사 고생하셨네.

蓼蓼者莪　　잘 자란 지칭개여!

匪莪伊蔚　　지칭갠가 하였더니 제비쑥일세.

哀哀父母　　애달프다 부모시여

生我勞瘁　　날 낳으사 병드셨다네.

無父何怙　　아버님 안 계시면 누구를 믿고

無母何恃　어머님 안 계시면 누구에게 의지할까?
出則銜恤　나가면 가슴 가득 근심을 안고
入則靡至　들어오면 머물러 쉴 곳도 없네.

父兮生我　아버님 날 낳으시고
母兮鞠我　어머님 날 기르셨네.
拊我畜我　나를 쓰다듬어 길러주시고
長我育我　나를 자라게 키워주셨네.

顧我復我　나를 돌아보고 살펴주시며
出入腹我　나가고 들어올 때 품어주셨네.
欲報之德　그 은혜 갚고자 할진대
昊天罔極　넓고 넓은 하늘같아 끝이 없어라.

은거의 즐거움

〈은거할 곳 지어서[考槃]〉

考槃在澗　물가에 은거할 곳 지었거니
碩人之寬　은자의 마음이 넉넉하다네.
獨寐寤言　혼자서 자다 깨어 말을 하여도
永矢弗諼　이 즐거움 영원히 잊지 않으리.

考槃在阿　언덕에 은거할 곳 지었거니
碩人之薖　은자의 마음이 여유롭다네.
獨寐寤歌　혼자서 자다 깨어 노래 불러도

永矢弗過　　이 즐거움 영원히 버리지 않으리.

考槃在陸　　평지에 은거할 곳 지었거니
碩人之軸　　은자가 이곳에서 서성거리네.
獨寐寤宿　　혼자서 자다 깨어 다시 잠들어도
永矢弗告　　이 즐거움 영원히 알리지 않으리.

〈가룻대 문[衡門]〉

衡門之下　　가룻대 문을 삼아 사는 집에서
何以棲遲　　노닐고 머무르며 쉴 수 있도다.
泌之洋洋　　샘물이 졸졸 흘러가거니
可以樂飢　　굶주림도 오히려 즐겁기만 해.

豈其食魚　　어찌 고기를 먹음에
必河之魴　　반드시 황하의 방어라야 하리!
豈其取妻　　어찌 아내를 얻음에
必齊之姜　　반드시 제나라 여자여야 하리!

豈其食魚　　어찌 고기를 먹음에
必河之鯉　　반드시 황하의 잉어라야 하리!
豈其取妻　　어찌 아내를 얻음에
必宋之子　　반드시 송나라 여자여야 하리?

풍자의 노래

〈북풍[北風]〉

北風其凉	북풍은 모질게 불고
雨雪其雱	흰 눈이 펄펄 날린다네.
惠而好我	나를 사랑하는 그 사람과
携手同行	손잡고 함께 가리라.
其虛其邪	느긋하니 여유롭게 갈 수 있으랴
旣亟只且	사태가 이렇게 긴박하거늘.

北風其喈	북풍은 세차게 불고
雨雪其霏	흰 눈이 펄펄 흩어진다네.
惠而好我	나를 사랑하는 그 사람과
携手同歸	손잡고 함께 돌아가리라.
其虛其邪	느긋하니 여유롭게 갈 수 있으랴
旣亟只且	사태가 이렇게 긴박하거늘.

莫赤匪狐	붉지 않다고 여우가 아니며
莫黑匪烏	검지 않다고 까마귀 아니랴!
惠而好我	나를 사랑하는 그 사람과
携手同車	손잡고 수레 타고 함께 가리라.
其虛其邪	느긋하니 여유롭게 갈 수 있으랴
旣亟只且	사태가 이렇게 긴박하거늘.

〈큰 쥐[碩鼠]〉

碩鼠碩鼠　　큰 쥐야 큰 쥐야

無食我黍　　내 기장 먹지마라.

三歲貫女　　삼 년을 너를 섬겼는데

莫我肯顧　　나를 돌보지 않는구나.

逝將去女　　이제는 너를 떠나

適彼樂土　　저 즐거운 땅으로 가련다.

樂土樂土　　즐거운 땅 즐거운 땅이여!

爰得我所　　그 곳에서 내 살 곳 얻으리라.

碩鼠碩鼠　　큰 쥐야 큰 쥐야

無食我麥　　내 보리 먹지마라.

三歲貫女　　삼 년을 너를 섬겼는데

莫我肯德　　나에게 은혜를 베풀지 않는구나.

逝將去如　　이제는 너를 떠나

適彼樂國　　저 즐거운 나라로 가련다.

樂國樂國　　즐거운 나라 즐거운 나라여

爰得我直　　그 곳에서 편안히 살리라.]

6. 『서경』

옛날의 요임금을 생각해보니 참으로 위대한 공을 세운 분이셨다. 공경하고 현명하시며 인문적이고 사려 깊으신 것이 천성을 따라 저절로 그러하셨다. 참으로 공손하고 능히 겸양하시어, 빛이 사방을 덮었고 하늘과 땅에까지 이르셨다.

日若稽古帝堯, 日放勳. 欽明文思安安, 允恭克讓, 光被四表, 格于上下.

『서경』의 제1편은 「요전(堯典)」이다. '요임금의 모범적인 다스림' 정도의 의미일 것이다. 이 글은 그 「요전」의 첫 문장이면서, 『서경』의 첫 문장이다. 요라는 전설적인 군주에 대한 개괄인데, 몹시 추상적이지만 요의 위대성이 잘 드러나 있다. '방훈(放勳)'이 요임금의 이름이라는 견해도 있지만 '방(放)'이 크다는 뜻이니 '위대한 공훈'이라는 뜻일 것이다. 요임금은 하신 일이 몹시도 위대한 분이라는 말이다. 그러나 그 위대한 일이 무엇인지는 말하지 않고 요임금의 품성을 이야기했다. 이런 품성의 소유자라면 무슨 일을 하였는지 말하지 않아도 알수 있다는 뜻일 것이다. '흠명문사(欽明文思)'의 네 글자가 모두 개별적 의미를 가지면서 요임금을 묘사하였지만 핵심은 요임금이 덕(德)을 갖추었다는 말이다. 훌륭한 정치의 시발점은 군주의 덕성이며, 그 덕성은 주변을 감화시키고, 감화는 끊임없이 확산되어 천하는 태평해진다. 이러한 정치를 '덕치(德治)', 또는 '왕도정치(王道政治)'라고 하는데, 동아시아의 주류적 정치 철학이다. 「요전」은 그 정치철학의 원류를 보여주고 있는 것이다.

그런데 요임금의 그 네 가지 품덕은 천성을 따라 저절로 그러하였다고 했다. 공자도 70세에야 도달했던, '마음이 하고자 하는 바대로 하여도 법도에 어긋나지 않는[從心所欲不踰矩]' 그 경지에 요임금은 늘 머물러 있었다는 것이다. 맹자의 성선설에 따르면, 사람은 누구나 성인으로 태어나지만 태어나는 순간부터 덕성을 손상하며 살아간다. 그러나 요임금은 성인으로 태어나서 그 성인의 덕성을 손상시키지 않고 성인으로 살다 죽었으니 참으로 위대했다. 흠명문사로 요임금의 품덕을 이야기하고 난 뒤에 다시 두 가지로 요약했다. 모든 덕이 위대하셨지만 요약하여 말하자면 공손과 겸양이라는 말이다. 요임금은 임금이었으니 사람이 오를 수 있는 최고의 지위에 올랐다. 그러나 늘 공손하고 겸양했으니 그렇게 하기 어려운 자리에서 그렇게 한 것이다. 그래서 요임금의 빛이 천지사방에 가득 찼다. 그 빛은 덕의 빛이었다. 그래서 천하는 잘 다스려졌고, 그래서 요임금은 후세 군주들의 모범이 되었다.

> 사람의 마음은 위태롭고 도의 마음은 잘 드러나지 않는다.
> 사람의 마음과 도의 마음을 정밀하게 살펴 도의 마음을 한결같
> 이 지켜야 모자라거나 지나침이 없는 도리를 실천할 수 있다.
> 人心惟危, 道心惟微, 惟精惟一, 允執厥中.

「대우모(大禹謨)」에 나오는 글이다. 성리학자들의 수많은 논
의를 야기시킨 인심(人心)과 도심(道心) 문제의 기원이 된 이 문
장은, 순임금이 우임금에게 임금의 자리를 넘겨주면서 건넨
경계의 말씀이다. 원래 요임금이 순임금에게 천하를 넘겨주면
서 '모자라거나 지나침이 없는 도리를 실천하라[允執其中]'고 한
마디 말씀만 했는데 순임금은 세 구절을 더 보탰다. 임금이 천
하를 넘겨주는 큰 일을 하면서 한 말이라기에는 너무 간단해
보이지만, 핵심은 덕치(德治)에 대한 환기다. 인심은 인간의 욕
망에서 일어나는 마음이고, 도심은 도덕적 본성에서 우러나오
는 마음이다. 그래서 인심은 늘 위태롭고, 도심은 잘 드러나지
않는다. 드러나지 않은 도심을 잘 발현시켜 다스리면 덕치가
이루어지지만, 위태한 인심을 따르게 되면 정치는 무너진다.
그래서 군주는 마음이 움직일 때, 그 마음이 인심인지 도심인
지를 잘 살펴야 한다. 그래서 도심으로 일관된 정치를 하면 모
자라지도 치우치지도 않는 다스림이 이루어진다. 군주의 이
모자라지도 치우치지도 않는 중용(中庸)의 덕은 백성을 감화시

켜 점차 확산된다. 이것이 덕치다. 후세사람들은 이 간단한 말
씀에 숨어있는 위대한 도리를 대체로 이렇게 정리했다. 「대우
모」가 위고문(僞古文)이지만 가르침은 큰 글이다.

> 한 달 동안 유묘(有苗)의 백성들이 명을 어기자, 백익(伯益)이
> 우를 도와 말했다. "오직 덕(德)만이 하늘을 움직여 멀어도 이
> 르지 않음이 없습니다. 가득차면 손실을 초래하고 겸손하면
> 이익을 얻는 것, 이것이 바로 천도(天道)입니다. 순임금이 처음
> 역산에서 밭에 가셔서 날마다 하늘과 부모에게 울부짖으시며
> 죄를 떠맡고 악을 자신에게 돌리며, 공경히 일하고 고수(瞽瞍)
> 를 뵙기를 공경하고 두려워하며 하시니, 고수 또한 믿고 따
> 랐습니다. 지극한 정성은 신명도 감동시키는데, 하물며 이 유
> 묘이겠습니까." 우가 훌륭한 말씀을 듣고 절하며 "아! 너의
> 말이 옳다" 하고는 군대를 거두어 회군하였다. 순임금이 마
> 침내 문덕(文德)을 크게 펼치고 두 뜰에서 문무(文舞)와 무무(武
> 舞)를 추게 하자 70일 만에 유묘가 와서 항복하였다.
>
> 　三旬苗民逆命, 益贊于禹曰："惟德動天, 無遠弗屆. 滿招損, 謙受益,
> 時乃天道. 帝初于歷山, 往于田, 日號泣于旻天于父母, 負罪引慝, 祗載
> 見瞽瞍, 夔夔齊慄, 亦允若. 至誠感神, 矧玆有苗!" 禹拜昌言曰："兪."
> 班師振旅, 帝乃誕敷文德, 舞干羽于兩階, 七旬有苗格.

역시 「대우모(大禹謨)」에 나오는 글이다. 섭정왕이던 우임금
이 순임금의 명을 받들어 유묘(有苗)를 정벌하러 갔다. 유묘는

삼묘(三苗), 묘민(苗民)이라고도 하는 남방 양자강 유역에 살던 오랑캐들이다. 그들이 순임금이 다스리는 중원세력에 복종하지 않자 우임금이 정벌하러 간 것이다. 그러나 한 달을 싸웠지만 정복할 수 없었다. 이때 현명한 신하였던 백익이 충고했다. 지금도 격언으로 사용되는, '가득차면 손실을 초래하고 겸손하면 이익을 얻는다[滿招損, 謙受益]'는 말을 포함하고 있는 충고의 핵심은 무력으로 정복하려 하지 말고 문덕(文德)으로 감화시키라는 것이다. 완악했던 순임금의 아버지 고수도 순임금의 겸손한 덕에는 감동될 수밖에 없었다는 이야기도 했다. 우임금은 이 훌륭한 말씀을 듣고 절했다. 유명한 우배창언(禹拜昌言)의 고사다. 훌륭한 말씀을 듣고 신하에게 절할 수 있었던 우임금도 겸손했던 인물이 틀림없다. 즉시 군대를 돌렸다. 이 말을 전해들은 순임금은 문덕을 크게 펼치고, 대궐의 계단에서 문무와 무무를 추게 했다. 예악의 교화를 펼친 것이다. 과연 70일 만에 유묘가 귀순했다. 이 역시 위고문이기에 믿을 수 없지만 힘의 다스림이 아니라 덕의 다스림[德治]에 대한 강력한 메시지를 전하는 문장이다.

> 위대한 할아버지께서 훈계를 남기셨다. 백성들은 가까이 할 수 있지만, 무시하면 안 된다. 백성은 나라의 근본이니, 근본이 튼튼해야 나라가 안녕하다.
> 皇祖有訓 : 民可近, 不可下. 民惟邦本, 本固, 邦寧.

「오자지가(五子之歌)」에 보이는 문장으로 역시 위고문이다. 우임금의 손자 태강(太康)이 임금이 되어서 국사를 게을리 했다. 사냥을 나가서 열흘이 되도록 돌아오지 않았다. 그의 동생 다섯 명이 노래를 지어 부르며 형을 깨우쳤다. 인용한 문장은 첫째 동생이 부른 노래다. 위대한 할아버지는 물론 우임금이다. 우임금의 훈계의 말씀을 빌어 형을 깨우친 것이다. 백성이 나라의 근본이라는 말은 민본주의(民本主義)의 메시지다.

> 지금 그대들은 "하나라의 죄가 우리하고 무슨 상관인가"라고 한다. 하나라의 임금은 백성들의 힘을 모두 소모시키고, 하나라의 고을을 피폐하게 만들었다. 백성들은 모두 나라의 일에 태만하고 화합하지 않으며, "이 해가 언제 없어질까? 내가 너와 함께 망하고 싶다"고 한다. 하나라의 덕이 이와 같으니 이제 나는 반드시 가서 정벌할 것이다.
> 今汝其曰 : "夏罪其如台." 夏王率遏衆力, 率割夏邑, 有衆率怠弗協, 曰 : "時日曷喪! 予及汝皆亡." 夏德若玆, 今朕必往.

「탕서(湯誓)」에 보이는 글이다. 요순은 선양했고 탕무는 혁명했다. 이 문장은 혁명의 정당성을 설파한 문장이다. 은나라의 탕임금은 하나라의 걸왕(桀王)을 치러 가면서 은나라의 대중들에게 고했다. 은나라 백성들은 '하나라가 정치를 잘못하는 것이 우리하고 무슨 상관이기에 이렇게 전쟁을 일으키는가'라고

들 했다. 탕임금은 이렇게 말하는 백성들에게 천명(天命)을 말하고 있다. 아직 천명에 대한 관념이 형성되지 않아서 천명이라는 용어를 쓰지는 않았지만 하고 있는 말의 내용은 천명이다. 군주는 하늘을 대신하여 나라를 다스리는 사람이다. 그러므로 다스림을 제대로 하지 못하면 하늘의 뜻을 어긴 것이고 그런 군주는 쫓아내야 한다. 제대로 다스리지 못한다는 것을 어떻게 알 수 있는가? 백성들의 마음을 보면 알 수 있다. 하나라 백성들은 국가의 부당한 부역에 동원되어 힘이 모두 소진되었고, 하나라의 고을들은 피폐해졌다. 걸왕은 "내가 천하를 소유한 것은 하늘에 해가 있는 것과 같다. 해가 없어져야 나도 망한다"고 하였기에 백성들이 해와 함께 망하고 싶다고 부르짖는 지경에 이르렀다. 이런 군주는 하늘을 대신해서 정벌해야 하는 것이다. 이것이 혁명이다. 천명을 바꾸는 일인 것이다.

아! 하늘은 믿기 어려우니, 천명은 일정하지 않습니다. 늘 덕을 가지고 있으면 그 지위를 보전할 수 있으나 그 덕을 지키지 못하면 구주(九州)를 잃게 됩니다. 하나라 임금이 그 덕을 지키지 못하여 신을 섬기지 않고 백성에게 포학하게 하니 하늘이 보호하지 않으시고, 만방을 두루 살펴 천명이 있는 자를 인도하고 순일(純一)한 덕을 돌아보고 찾으시어 온갖 신들을 섬기는 주인이 되게 하셨습니다. 저는 몸소 탕임금과 함께 순일한 덕을 간직하여 능히 하늘의 마음에 합치되어 하늘의 밝은 명령을 받아 구주의 백성들을 거느리게 되었으니 이에 하나라의 정삭(正朔)을 바꿨습니다. 하늘이 우리 은나라를 사사로이 도와준 것이 아니라 하늘이 순일한 덕을 도와준 것이며, 은나라가 백성들에게 요구한 것이 아니라 백성들이 순일한 덕에 귀순하게 된 것입니다

嗚呼! 天難諶, 命靡常. 常厥德, 保厥位 ; 厥德靡常, 九有以亡. 夏王弗克庸德, 慢神虐民, 皇天弗保, 監于萬方, 啓迪有命, 眷求一德, 俾作神主. 惟尹躬暨湯 咸有一德, 克享天心, 受天明命, 以有九有之師, 爰革夏正. 非天私我有商, 惟天佑于一德 ; 非商求于下民, 惟民歸于一德.

늙어서 조정을 떠나는 개국공신 이윤(伊尹)이 탕임금의 손자 태갑(太甲)에게 준 훈계의 글, 「함유일덕(咸有一德)」의 한 단락이다. 이 문장에 천명의 실체가 분명하게 드러난다. 군주는 천명을 받아야 나라를 세우고 지킬 수 있는데, 그 자격은 일덕(一德)의 유무다. 일덕은 순일한 덕, 즉 순수하고 한결같은 덕이다. 언제나 한결같은 마음으로 성왕의 도를 잘 지키는 사람에게 천명이 주어지는 것이니, 은나라는 탕임금과 이윤의 이 일덕으로 인해 천명을 받을 수 있었다. 태갑은 임금이 된 뒤, 한때 정치를 잘못하여 이윤에 의해 유폐된 적이 있었다. 그런 인물이기 때문에 이윤이 조정을 떠나면서 천명이 무상함을 간곡하게 타이른 것이다.

왕이 말하였다. "옛사람은 '암탉은 새벽에 울지 말아야 하니 암탉이 새벽에 울면 집안이 황폐해진다'고 했다. 지금 은나라 임금 수(受)는 오직 부인의 말만 듣고 혼미해져 제사 지내는 일을 내버려 조상의 은혜에 보답하지 않았으며, 혼미해져 부모님이 남기신 동생들을 내버려 도리에 맞게 대우하지 않았다. 사방에서 많은 죄를 지어 도망 온 자들을 높이고 우두머리로 삼으며 믿고 부려서 대부로 삼고 경사로 삼아 백성들에게 포학하게 하고 은나라의 고을을 어지럽히게 하였다. 이제 나 발(發)은 삼가 하늘의 벌을 행한다.

王曰 : "古人有言曰 : '牝鷄無晨, 牝鷄之晨, 惟家之索.' 今商王受, 惟婦言是用, 昏棄厥肆祀, 弗答, 昏棄厥遺王父母弟, 不迪, 乃惟四方之多罪逋逃, 是崇是長, 是信是使, 是以爲大夫卿士, 暴虐于百姓, 以姦宄于商邑. 今予發惟恭行天之罰."

「목서(牧誓)」의 글이다. 「목서」는 주나라의 무왕이 은나라 군대와 목야(牧野)에서의 결전을 앞두고 제후연합군 앞에서 행한 연설이다. 인용한 단락은 은나라의 마지막 임금 주왕(紂王) 자수(子受)의 죄목을 나열한 부분이다. 추상적인 천명을 이야기하는 것이 아니라 구체적인 죄목을 나열했다. 주왕의 가장 큰 죄는 부인의 말을 따른 것이라고 했다. 주지육림, 포락지형의 주인공인 왕비 달기(妲己)를 두고 한 말인데, 역사서들은 그녀로 인해 은나라가 망했다고 기록하고 있다. 암탉이 울면 집안이

망한다는 우리 속담이 여기에서 유래한 것이고보면 우리나라 사람에게도 달기는 잘 알려진 요주의 인물이었다. 달기의 말만 듣고 주왕이 저지른 죄는 제사를 폐한 것과 형제를 버린 것이다. 조상과 형제를 버린 것이니 기본적인 인륜이 파괴된 것이다. 다음으로 인재의 등용이 합리적으로 이루지지 못해 그 피해를 백성과 국가가 고스란히 떠안았다. 탕임금이 하나라를 정벌할 때도 하나라의 고을이 피폐해졌다고 하였는데, 무왕이 은나라를 정벌할 때도 은나라의 고을이 어지러워졌다고 했다. 이것은 국가 전체가 무질서한 상태에 빠졌다는 말이다. 이 무질서를 바로잡기 위해 무왕 희발(姬發)은 혁명한 것이다. 천벌을 행한다고 한 것을 보면 천명 의식이 뚜렷하다.

은나라를 정벌한 2년 뒤, 무왕이 병이 들어 즐겁지 않았다. 태공(太公)과 소공(召公)이 "우리가 왕을 위해 공손히 점을 칠 것이다" 하였다. 주공이 말했다. "우리 선왕들을 근심하게 해서는 안 된다." 주공(周公)이 이에 왕의 병을 낫게 하는 일을 자신의 일로 삼아 제단 세 개를 만들되 규모를 동일하게 하고, 그 남쪽에도 단을 만들어 주공이 북면하고 섰다. 제단에는 벽옥(璧玉)을 제물로 놓고 자신은 홀을 잡고 태왕(太王)과 왕계(王季)와 문왕(文王)에게 고하였다. 사관이 그 축문을 죽간에 기록하였는데 내용은 다음과 같다.

"당신의 원손(元孫) 아무개가 모질고 위급한 병을 만났으니,

당신들 세 왕은 하늘의 아들(天子)을 보호할 책임을 하늘로부터 받았으니, 저 단(旦)이 아무개의 몸을 대신하게 하소서. 저는 아버지처럼 어질고 다재다능하여 귀신을 잘 섬길 수 있지만 원손은 저처럼 다재다능하지 못해서 귀신을 잘 섬기지 못합니다. 원손은 상제의 뜰에서 명을 받아 문덕을 펼치고 사방을 도와 세상에서 당신들의 자손을 안정시키니 사방의 백성들이 경외하지 않음이 없습니다. 아! 하늘이 내린 보배로운 명령을 실추하지 않아야 우리 선왕들께서도 길이 의지하여 돌아갈 곳이 있을 것입니다."

　旣克商二年, 王有疾, 弗豫. 二公曰 : "我其爲王穆卜." 周公曰 : "未可以戚我先王." 公乃自以爲功, 爲三壇, 同墠, 爲壇於南方, 北面周公立焉. 植璧秉珪, 乃告太王王季文王. 史乃冊祝曰 : "惟爾元孫某遘厲虐疾, 若爾三王是有丕子之責于天, 以旦代某之身. 予仁若考, 能多材多藝, 能事鬼神, 乃元孫不若旦多材多藝, 不能事鬼神. 乃命于帝庭, 敷佑四方, 用能定爾子孫于下地, 四方之民罔不祗畏. 嗚呼! 無墜天之降寶命, 我先王亦永有依歸."

　문물과 제도를 정비하여 중국문화의 초석을 다진 위대한 인물 주공 희단(姬旦)이 처음 나타나는 「금등(金縢)」의 앞부분이다. 「금등」은 『서경』에서 극적인 요소가 가장 강한 스토리를 가진 글이다. 등장인물인 태공은 우리에게 강태공(姜太公)으로 잘 알려진 여상(呂尙)이고, 소공은 무왕의 동생인 희석(姬奭)으로 모두 주나라의 창업공신들이다. 태왕은 무왕의 증조부이고, 왕계는 조부이며 문왕은 아버지이다. 이 스토리의 주인공은 주공인데, 그의 희생정신을 바탕으로 각색하여 위대성을 부각시키고 있다. 그 과정에서 무왕이 병들었을 때 점을 쳐서 결과를 예측하려는 모습이나, 기도하기 위해 제단을 만드는 형식 등 제도문화사적인 내용이 많이 들어있어 재미를 더한다. 주공이, 형인 무왕은 귀신을 잘 못 섬기므로 나를 대신 데려가라고 한 기도의 내용도 재미있다. 이제 뒷이야기를 요약하여 이 스토리 전체를 소개하기로 한다.

기도가 끝난 주공은 이 기도문을 상자에 넣고 쇠사슬[金縢]로 동여매어 보관하도록 했다. 이튿날 무왕의 병이 나았다. 얼마 뒤 무왕이 죽자 어린 성왕이 등극했다. 주공은 성왕을 보좌하여 모든 정무를 관장했다. 그러자 주공의 형제들이 주공이 새로 등극한 어린 왕에게 이롭지 못하다는 소문을 퍼뜨려 성왕을 동요시켰다. 주공은 죄를 청하며 동쪽으로 물러났으나 성왕의 의심은 계속되었고, 헛된 소문을 퍼트린 주공의 형제들이 체포된 뒤에도 성왕의 의심은 해소되지 않았다. 그해 가을에 곡식을 수확하기도 전에 천둥을 동반한 태풍이 몰아쳤다. 곡식들은 쓰러지고 나무들이 뽑혀나가자 성왕과 강태공 여상과 소공 희석이 함께 상자를 열어 주공의 기도문을 보게 된다. 무왕을 위해 대신 죽고자 한 주공의 글을 본 성왕은 모든 의심을 풀고 통곡했다. 주공의 충심을 이해하지 못한 자신을 책망하여 동쪽으로 사신을 보내 주공을 모셔왔다. 쓰러진 곡식과 나무들이 일어서고 풍년이 들었다.

주공이 말하였다. "아! 군자는 편안하지 않음으로써 머무를 곳을 삼습니다. 먼저 농사일의 어려움을 아는 것을 편안하게 여겨야 하니, 그래야 백성들이 농사를 지어 살아가게 됩니다. 백성들을 보면 그 부모는 농사일에 부지런한데, 그 자식은 농사일의 어려움을 모르고 빈둥거리며 속된 말을 하며 방탕하거나, 그렇지 않으면 그 부모를 업신여겨 말하기를 '늙은이들은 뭘 모른다'고 합니다."

周公曰：“嗚呼！君子所其無逸，先知稼穡之艱難乃逸，則知小人之依. 相小人，厥父母勤勞稼穡，厥子乃不知稼穡之艱難，乃逸乃諺旣誕，否則侮厥父母，曰昔之人無聞知.”

「무일(無逸)」에 나오는 글이다. 「무일」은 주공이 어린 나이에 임금이 된 조카 성왕을 훈계한 글이다. 주공은 조카에게 편안하지 말라고 한다. 부지런한 군주가 되라는 말이다. 덕치를 이상적인 다스림이라고 생각한 고대의 중국인들은 완전한 덕을 가진 군주가 옷깃을 드리우고 손을 마주 잡은 채 공손히 있기만 해도 군주의 덕이 사방으로 퍼져나가 천하는 다스려진다고 생각했다. 수공평장(垂拱平章)의 정치다. 요순이 그랬다. 그러나 순을 계승한 하나라의 우임금은 달랐다. 그는 임금이 되기 전부터 범람하는 황하의 물길을 다스리기 위해 동분서주했다.

다리의 털이 바스라지도록 열심히 노력했다. 이후 이상적인 군주는 완전한 덕의 소유자이면서 열심히 노력하는 군주였다. 주공은 성왕이 이런 군주가 되기를 바랐다. 농경사회의 군주는 부지런함을 농사일로 드러냈다. 매년 정월이 되면 천자는 제후들을 거느리고 친히 농사를 짓는 의식을 거행했다. 이 행사를 친경(親耕)이라고 하고 친경하는 땅을 적전(籍田)이라고 했다. 여기서 생산된 곡물로 신에게 제사를 올렸다. 상징적인 의식이지만 의의는 컸다.

그래서 주공은 성왕에게 농사일의 어려움을 알아야 한다고 했다. 농사일의 어려움을 깊이 이해하고 모범을 보이며 권장해야 백성들이 농사에 의지하여 살아가게 된다. 그 다음 말이 재미있다. 부모들은 열심히 농사짓는데 게으른 자식들은 상소리나 하면서 빈둥거리며 "늙은이들은 뭘 몰라"라고 한다. 천하의 자식들이 다 그렇기야 하랴만 그런 자식들이 꼭 있다. 그때도 있었고 지금도 있다. 주공은 성왕이 어리기에 그런 자식들 이야기를 하며 경계한 것이다. 그런 자식들처럼 되지 말라는 말이며, 자신이 하는 말을 뭘 모르는 늙은이가 하는 말로 듣지 말라는 말이다.

7. 『역경』

　　여기서는, 앞에서 『사서이경』을 다룰 때와는 좀 다른 방식으로 『주역』의 원문을 풀어보기로 한다. 64괘 384효로 짜여진 『주역』의 논리구조를 먼저 설명한 뒤, 건괘와 곤괘를 원문과 함께 살펴볼 것이다. 건괘와 곤괘는 64괘 가운데 순양(純陽)과 순음(純陰)으로 이루어진 가장 중요한 괘다. 나머지 62괘가 모두 여기서 파생하였다고 보기 때문에 부모괘라고도 한다. 그러므로 이 두 괘를 살펴보면 나머지 괘들의 형식과 내용을 유추할 수 있다. 그래서 필자는 이 두 괘를 소개하면서 독자들과 함께 『주역』 읽기 연습을 하고자 한다. 경문이라고 하는 「괘사」와 「효사」와 함께 이들을 해설한 「단전」과 「상전」도 살펴볼 것이다.

　　『주역』의 기본은 음양이다. 이 우주의 모든 존재와 현상은 음양으로 구성되어 있다고 하며 『주역』은 이것을 음효(--)와 양효(-)로 표현한다. 낮이 양이라면 밤은 음이고, 여자가 음이라면 남자는 양이다. 그러므로 『주역』의 논리에 따르면, 이 음양의 운동과 변화가 우주의 모든 존재와 현상을 결정한다. 그러므로 이 음양의 운동과 변화의 법칙을 알게 되면 일어날 일들의 결과를 알 수 있게 되는 것이다. 이 음양은 다시 태양(⚌)과 태음(⚏), 소양(⚎)과 소음(⚍)의 사상으로 분화되며, 사상은 다시 건(☰), 태(☱), 리(☲), 진(☳), 손(☴), 감(☵), 간(☶), 곤(☷)의 팔괘로 분화된다. 여기서 음양의 일차 분화가 끝이 나기 때문에, 팔괘를 작게 이룬 괘라는 뜻으로 소성괘(小成卦)라고 한다. 이 팔괘는 각각 상징하는 물상과 성질[卦德]이 있는데 대표적인 것을 들어보면 아래의 표와 같다.

구분 괘	乾	兌	離	震	巽	坎	艮	坤
상징물	天	澤	火	雷	風	水	山	地
성질	健	悅	麗	動	入	陷	止	順

건괘는 하늘을 상징하며 성질은 강건하고, 태괘는 못을 상징하며 성질은 기쁨이라는 식의 해설이다. 그러나 여기에서 상징물과 성질은 대표적인 것일 뿐, 이것이 팔괘의 전부는 아니다. 팔괘가 그렇게 간단한 것이라면 삼라만상의 모든 이치를 다 드러낼 수 없을 것이다. 그래서 후대로 올수록 이 상징물과 성질에 대한 항목들이 보태졌으며, 그렇게 해서 만들어진 것이 「설괘전」이다. 「설괘전」으로도 부족하다고 생각하는 『주역』 연구자들은 스스로 상징물과 성질을 만들어 보태기도 했다.

이 팔괘들이 중첩하여 64괘가 만들어지면 음양의 분화는 끝난다. 이렇게 만들어진 괘를 크게 이루어진 괘라 하여 대성괘(大成卦)라고 하는데, 하나의 괘는 각각 6개의 효(爻)로 이루어지기 때문에 모두 384효가 된다. 『주역』의 논리에 따르면, 이 64

괘 384효에 대한 통찰이 있게 되면 우주 안에서 일어나는 일은 모두 내 손바닥 안의 일이다. 얼마나 신나는 일인가! 그래서 예전 사람들은 『주역』에 몰두했다. 한 평생 『주역』만 연구하다가 정신이 나가버린 사람도 있었다. 그러나 과연 『주역』을 공부하고 난 뒤, 우주 안의 일을 내 손바닥 안에서 살피듯이 살핀 사람이 있었는지는 모르겠다.

이제 64괘 384효로 이치를 살피는 일에 대해 살펴보자. 하나의 대성괘는 모두 두 개의 소성괘로 이루어진다. 예컨대, 땅을 상징하는 곤괘(☷)가 위에 있고 우레를 상징하는 진괘(☳)가 위에 있으면 복괘(復卦)가 된다. 그래서 그냥 복괘라고 하기도 하고 지뢰복괘(地雷復卦)라고도 한다. 괘상을 가지고 보면 우레가 땅 아래에서 솟아오르기 위해 울고 있는 형상이니 회복의 조짐이 있다. 그래서 이 괘의 이름이 복괘다. 괘덕을 가지고 보면 온순함[順]이 위에 있고 움직임[動]이 아래에 있으니 이 움직임은 온순함을 뚫고 나올 수밖에 없다. 그래서 무엇인가가 이제 이루어진다. 그래서 점을 쳐서 이 괘를 얻은 사람은, 잃어버렸던 것이 있으면 되찾게 되고 실패한 일이 있었다면 이번에는 성공할 수 있다.

그런데 점을 칠 때는 괘만 보는 것이 아니다. 괘만 보고 판단한다면 세상의 모든 일은 64종류에 불과한 것이 된다. 그래서 효를 본다. 괘를 보고 전체적인 경향을 살핀 뒤 효를 통해 구체적으로 설명하는 것이다. 점을 치는 사람들은 반드시 괘

를 얻은 다음에 다시 그 괘의 6효 가운데 하나의 효를 도출해
야 한다. 도출된 효가 어느 자리에 있는 어떤 효인가에 따라
구체적인 해석이 달라진다. 『주역』에서는 여섯 개의 효의 자
리에서 1, 3, 5의 자리를 양의 자리라고 하고 2, 4, 6의 자리를
음의 자리라고 한다. 양의 자리에 양효가 있으면 정(正)이라고
하여 길한 것으로 보고, 양의 자리에 음효가 있으면 부정(不正)
이라고 하여 흉한 것으로 본다. 각 소성괘의 가운데 자리인 제
2효와 제5효를 중(中)이라고 하는데, 제2효가 음효[柔中]이거나
제5효가 양효[剛中]면 중정(中正)이라고 한다. 중이면서 효가 제
자리에 있으면 무척 길하다. 이밖에도 효를 해석하는 여러 가
지 이론들이 있다. 대체로 제2효는 길하고 제3효는 흉하며 제4
효는 조심해야 되고 제5효는 일을 성취한다든가, 아래위로 어
떤 효와 이웃하고 있는가, 끌어주고 지원하는 효가 있는가 등
등 여러 가지를 보고 그 효의 의미를 해석한다. 효를 해석하는
이론들은 계속 개발되어 왔으며, 나름대로 개발한 알려지지
않은 방법으로 효를 해석하는 사람들도 있었다.

　어느 괘 어느 효를 얻었다고 해서 그것만 가지고 점을 치는
것도 아니다. 효를 가지고 국한하면 384종류에 불과하기 때문
에 우주와 인사의 수많은 일들을 포괄하기 힘들다. 그래서 어
느 괘의 어느 효가 어떤 괘의 어떤 효로 변하여 가는 것도 따
졌다. 원래의 괘를 본괘(本卦)라고 하고 변하여 간 괘를 지괘(之
卦)라고 하여 변화의 주체가 된 효를 가지고 판단한다. 그럼 무

척 많은 경우의 수가 나오기 때문에 좀 더 정확해 질지도 모른다. 그래서 시대마다 사람들이 이런 저런 해석법들을 개발하면서『주역』의 역사를 엮어온 것이다.

『주역』은 64괘 384효가 전부다. 문자는 괘의 모습[卦象]과 효의 모습[爻象]에 대한 주석에 불과하다. 그러므로 지혜로운 사람에게는 주석이 필요 없다. 괘상과 효상에 대한 통찰로 끝이다. 그러나 보통의 사람들은 괘상과 효상만으로는 다 이해하지 못한다. 그래서 지혜로운 누군가가 모습[象]에다 말[辭]를 붙인 것이다. 괘를 설명하는 「괘사」와 효를 설명하는 「효사」 및 「십익」이 그런 글들이다. 이 가운데 「괘사」와 「효사」는 경(經)이라고 하는데, 알 듯 말 듯한 비밀스런 내용들이라 난해하다. 「십익」은 전(傳)이라고 한다.

필자는『주역』이 가지고 있는 논리와 체계가 진리인지는 알지 못한다. 그러나 분명한 것은,『주역』이 세계를 해석하는 완전한 체계를 갖추고 있다는 점이다. 물론 이 말은 64괘 384효의 체계가 완전하다는 것이지, 그 체계가 세계를 완전하게 해석한다는 말은 아니다. 어쨌든, 이 간단한 체계로 변화의 원리를 모두 설명하려 했기 때문에 '상(象)'을 살피는 일이나 '사(辭)'를 해석하는 일은 몹시 어렵다. 그러므로 괘상과 효상을 살피고 「괘사」와 「효사」를 음미하는 사람들은 깊은 통찰력이 있어야 한다. 그 사람의 소양에 따라 충분히 다르게 읽힐 수 있는 글들이기 때문이다. 이제 건괘와 곤괘를 보면서『주역』

읽기 연습을 해보자.

건괘(乾卦)

건괘는 여섯 개의 양효로 이루어진 순양괘다. 소성괘 건괘 두 개가 겹쳐져서 대성괘 건괘가 되었다. 먼저 건괘 경문의 구성을 도표로 간단하게 소개하면 다음과 같다.

괘상	괘명	괘사	효명	효 사
䷀	乾	元亨利貞	初九	潛龍, 勿用.
			九二	見龍在田, 利見大人.
			九三	君子終日乾乾, 夕惕若, 厲無咎.
			九四	或躍在淵, 無咎.
			九五	飛龍在天, 利見大人.
			上九	亢龍, 有悔.

乾, 元亨, 利貞.

"건괘는, 크게 형통하고 곧아야 이롭다." 건은 괘 이름이다. 그 뒤의 문장이 괘를 해설한 「괘사」이다. 두 가지 해석이 있다. 점괘를 해설한 말[占辭]로 보는 해석과 건괘의 덕을 설명한 말로 보는 견해이다. 점사로 보면 '원(元)'은 '대(大)'의 뜻이고 '정(貞)'은 곧다는 뜻이니, 크게 형통하고 곧아야 이롭다는 뜻으로 본다. '정(貞)'에는 또 '점을 치다'는 뜻도 있어 '크게 형통하고 점을 친 일이 이롭다'는 뜻으로 풀이할 수도 있다. 점친 일이 이롭다는 말은, 어떤 일을 알아보기 위해 점을 쳤을 것인데 그 일이 이로울 것이라는 말이다. 한편 건괘의 덕을 설명한 말로 보는 견해는 천도(天道)의 네 가지 덕으로 풀이한다. 원은 만물이 생겨나게 하는 덕이고, 형은 만물을 길러주는 덕이고, 리는 만물을 이루어주는 덕이고 정은 만물을 완성시키는 덕이다. 원형리정이 자연에 적용되면 춘하추동이 되고, 인사에 적용되면 인예의지(仁禮義智)가 된다. 여섯 개의 양효로 이루어진 건괘에는 이 천도의 네 가지 덕이 완전하게 갖추어져 있다는 것이다. 『주역』이 만들어진 초기에는 분명 점사였을 것이지만, 후대로 오면서 이치를 추구하여 덕으로 풀이했을 것이다.

初九, 潛龍, 勿用.

"초구는, 잠겨 있는 용이니, 쓰지 마라." 초구는 효의 이름이다. 『주역』에서는 양효를 구(九)라고 하고 음효를 육(六)이라고 한다. 이는 『주역』의 점법과 관계가 있다. 점법에서는 음에서 양이 처음 생겨나는 것을 소양(少陽)이라고 하고 반대의 경우를 소음(少陰)이라고 하며, 양이 가득차서 이제 음으로 변해가야 할 단계에 있는 것을 노양(老陽)이라고 하고 반대의 경우를 노음(老陰)이라고 한다. 여기서 노양의 숫자를 9라고 하고 노음의 숫자를 6이라고 하기 때문에 양효와 음효의 이름으로 삼았다는 것이다. 노양과 노음을 각각 9와 6으로 부른 것은 여러 가지 설이 있으나, 1부터 5까지의 수를 생수(生數) 가운데 있는 양수 1, 3, 5를 더하면 9가 되고, 음수 2, 4를 더하면 6이 되기 때문에 그렇게 부른다고 하는 설이 유력하다. '초(初)'는 가장 아래에 있는 효를 가리키는 말이다. 그러므로 초구는 가장 아래에 있는 양효이다.

건괘는 양효만으로 구성된, 그래서 64괘 가운데 양의 기운이 가장 왕성한 괘이다. 이 괘에서 초구는 가장 아래에 있다. 세상에 나가 쓰일 수 있는 양이기는 하지만, 가장 아래에 있으니 시기와 상황이 맞지 않다. 끌어주고 도와줄 사람도 없다. 정응(正應)이 없기 때문이다. 『주역』에서는 각 소성괘의 대응하는 효, 즉 초효(初爻)와 사효(四爻), 이효(二爻)와 오효(五爻), 삼효(三爻)와 상효(上爻)를 서로 대응하는 효로 보고 그것들이 음과 양으로 만날 때 서로를 도와준다고 하여 길하다고 본다. 이런 경우를 정응이라고 한다. 그런데 건괘의 초구는 양효이고, 사효도 양효이니 불응(不應)이다. 그러므로 도와줄 사람이 없는 것이다. 그래서 초구는 순양의 시대에 용(龍)이기는 하나 아직 움직여서는 안 되는 용이다. 잠룡(潛龍)인 것이다. 그러므로 함부로 쓸 수 없는 것[不用]이다.

九二, 見龍在田, 利見大人.

"구이는, 나타난 용이 밭에 있으니, 대인을 만나야 이롭다." 구이는 두 번째 양효이다. 물속에 잠겨있던 용이 이제 뭍으로 나왔다. 그러나 하늘을 날아야 할 용이 이제 겨우 육지로 올라왔으니 아직 갈 길이 멀다. 이 시기에는 혼자 도모해서는 일을 이룰 수 없고 위대한 인물의 도움을 받아야 한다. 이 대인은 제5효 구오의 대인이다. 구이는 구오와 응(應)의 관계에 있기 때문이다. 그러나 둘 다 양효이니 정응의 아니라 불응이다. 아마 도움을 받지 못할 것이다. 혹은 순양괘인 건괘와 순음괘인 곤괘은 정응과 불응이 적용되지 않기 때문에 응의 관계만 있으면 도움을 받을 수 있다고도 한다. 어쨌든 이 효는 중효(中爻)이기 때문에 나쁜 일은 없을 것이다.

九三, 君子終日乾乾, 夕惕若, 厲无咎.

"구삼은, 군자가 종일토록 건덕(乾德)에 힘쓰고 저녁에도 조심한다면 위태롭지만 허물은 없을 것이다." 구삼은 세 번째 양효다. 이제 많이 올라왔다. 그러나 위태로운 때다. 64괘는 모두 아래의 세 효[下卦]와 위의 세 효[上卦]로 이루어진다. 제삼효는 하괘의 마지막 효다. 이제 더 나아가면 상괘로 바뀐다. 그러므로 이 때는 변혁의 시기이다. 변혁은 늘 위험을 동반하기 때문에 위태롭다. 그러므로 이런 때를 만나면 조심해야 한다. 그냥 조심하는 것이 아니라 밤낮으로 늘 조심해야 한다. 그러나 비굴할 필요는 없다. 변혁의 시대에 맞추어 부지런히 노력하면 된다. '건건(乾乾)'은 그런 뜻이다. 건이 가진 강건한 덕을 힘쓰라는 말이다. 그러면서 늘 조심해야 한다. 그래야 이 위태로운 변혁의 시기를 무사히 넘길 수 있다.

九四, 或躍在淵, 无咎.

"구사는, 혹 뛰어보거나 못에 잠겨있더라도 허물이 없을 것이다." 구사는 네 번째 양효다. 이제 변혁의 시기를 넘기고 새로운 시대를 맞이했다. 하괘에서 상괘로 진입한 것이다. 이때쯤이면 한 번 자신을 시험해 볼 수 있다. 용이 물속에 있어도 되고, 한 번 뛰어 세상에 나가도 크게 잘못될 일이 없는 것이다. 때가 무르익어가고 있기 때문이다.

九五, 飛龍在天, 利見大人.

"구오는, 나는 용이 하늘에 있으니 대인을 만나야 이롭다." 구오는 다섯 번째 양효다. 양의 시대에 상괘의 중효로서 중정(中正)하였으니 건괘의 주인이 되는 효[主爻]이다. 드디어 때가 왔다. 용이 하늘을 날아오른다. 모든 일은 순조로울 것이며 세상은 내 아래에 있다. 군왕의 상인 것이다. 그래서 세종대왕은 선왕들의 덕을 칭송하는 노래에 <용비어천가(龍飛御天歌)>라는 제목을 붙였다. 그러나 군주가 세상을 경영하는 일도 혼자 할 수는 없다. 도와줄 대인이 필요하다. 이 대인은 구이효의 대인이다. 역시 불응이지만 상황이 다르다. 구오는 중정(中正)이기 때문이다. 상효의 가운데 효이고 양의 자리에 양이 있으니 중정인 것이다. 인사를 가지고 말하더라도, 구이는 구오를 기다리는 상황이고, 구오는 구이를 부르는 상황이다. 신하가 임금을 부를 수는 없고, 임금은 신하를 기다릴 필요 없이 부르면

되기 때문이다. 이제 득의한 군주는 신하의 보필을 받으면서 태평성대를 이루어간다.

上九, 亢龍, 有悔.

"상구는, 높은 용이니 후회가 있을 것이다." 상구는 여섯 번째 양효다. 제6효는 한 괘의 끝이다. 한 시대가 끝나가는 것이다. 구오에서 하늘을 날던 용이 너무 높이 올라가 내려가고자 하여도 내려갈 수 없다. 중용의 도를 잃어버렸으니 후회가 따른다. 『주역』의 경계가 깊다.

用九, 見群龍, 无首吉.

"양을 쓰는 이치는, 뭇 용들을 살피니 머리가 없어야 길할 것이다." 원래 64괘의 경문은 제6효의 「효사」로 끝난다. 그러나 건괘와 곤괘에만 한 문장이 더 있다. 모든 양과 모든 음의 부모인 이 두 괘에서 양과 음의 기본 성질을 밝힌 것이다. 양은 용이다. 특히 건괘는 여섯 마리의 용이 모여 있다. 이 용들이 강건함만 믿고 머리를 쳐들면 머리가 잘리기 쉽다. 그래서 항상 머리를 감추고 있어야 안전하다. 양의 지나친 강건함을 경계한 말일 것이다. 양은 양강(陽剛)으로 인해 일을 그르치기 때문에 항상 음유(陰柔)로 보완해야 한다. 겸손하고 자기를 낮추어 앞장서지 않으면 길하다는 말이다. 용구(用九)는 서점(筮占)과 관련한 말이라는 주자의 견해를 비롯하여 여러 가지 다른 견해가 있으나 생략한다. 여기까지가 건괘의 경문이다.

象曰 : "大哉乾元, 萬物資始, 乃統天. 雲行雨施, 品物流形. 大
明始終, 六位時成, 時乘六龍以御天. 乾道變化, 各正性命, 保合
大和, 乃利貞. 首出庶物, 萬國咸寧."

"단(象)에서 말한다. 위대하도다, 하늘의 시작하는 도여! 만물
이 이에 의지하여 비롯하니 하늘의 처음과 끝을 모두 다스리
도다. 구름이 가고 비가 내려 만물이 퍼져 형체를 갖춘다. 처
음과 끝을 크게 밝히니 건괘의 여섯 자리가 때맞추어 이루어
지며 그 때에 맞게 여섯 용을 타고 하늘의 도를 펼친다. 하늘
의 도가 변화를 이루어, 만물이 각기 하늘로부터 받은 본성을
바로잡아 큰 조화로움을 온전히 보존하니 이것이 이정(利貞)이
다. 하늘의 도가 만물에서 으뜸으로 나오니 온 세상이 두루 안
녕하다."

'단(象)'은 뜻이 분명치 않은 글자인데, 대체로 판단[斷]의 뜻
으로 알려져 있다. 「십익」 가운데 하나이며 「괘사」를 해설한
글로 「단전(象傳)」이라고 한다. 원래 단은 경문과 분리되어 별
도의 부분으로 묶여 있었으나, 위진(魏晉) 무렵에 각 괘의 「괘
사」 아래에 나누어 붙였다. 그러나 건괘에서만 「괘사」 아래에
두지 않고 경문 뒤에 붙여 원래의 면모를 남겨 두었다. 건괘의
단은 「괘사」인 '원형리정'을 점사로 간주하지 않고 천도의 네
가지 덕으로 간주하여 해설했다.

'건원(乾元)'은 건괘의 사덕(四德) 가운데 '원(元)'이다. 이 원의 덕은 만물을 낳아주는 덕이다. 만물은 이 원의 덕으로 인해 생겨나게 되었으니 참으로 위대하지 않을 수 없다. 그러므로 원형리정을 함께 말하면 하나의 덕이지만 실은 이 사덕을 모두 포괄하는 덕이다. 마치 인간의 사덕인 인의예지를 함께 말하면 인은 하나의 덕에 불과하지만, 인만을 말하면 인이 사덕을 모두 포괄하는 것과 같다. 이것이 '통천(統天)'의 의미다. 그래서 '하늘의 처음과 끝을 모두 다스린다'고 번역했다. '운행우시(雲行雨施)'는 음양의 조화를 말한다. 땅 기운이 하늘로 올라가 구름이 되고, 하늘 기운이 아래로 내려와 비가 내린다. 그러므로 비가 내리는 것은 하늘과 땅이 만나 음양이 화합한 뒤의 일이니, 이 음양의 화합으로 만물이 생겨난다. '유형(流形)'은 이 음양이 화합한 기운이 널리 퍼져 만물이 형체를 갖춘다는 말이다. 이 두 구절은 건괘의 4덕 가운데 '형(亨)'의 덕을 설명한 것이다.

　다음의 "大明始終, 六位時成, 時乘六龍以御天"의 네 구절은 성인이 이 원형의 덕을 운행하는 모습이다. 원(元)으로부터 시작하여 정(貞)으로 끝나는 이 천도를 크게 밝히니 건괘 육효의 자리가 때에 맞게 이루어진다. 육효의 자리가 때에 맞게 이루어진다는 것은, 잠룡(潛龍)이 되어야 할 때는 잠룡이 되고, 현룡(見龍)이 될 때는 현룡이 되며, 비룡(飛龍)이 되어야 할 때는 비룡이 된다는 말이다. 그래서 때에 맞게 여섯 용을 타고 하늘의 도를 펼치는 것이다. 여섯 용은 여섯 마리의 용이라는 말이 아니다. 한 마리의 용이 때에 맞게 숨어있기도 하고 나타나기도 하고 날기도 하는 것이다. 중요한 것은 '때에 맞추어' 하는 것이다. 숨어야 할 때 날면 성인이 용을 부리는 법이 아니다. 용을 타고 하늘의 도를 펼친다고 하니 대단히 신비스러워 보이지만, 속뜻은 성인이 때에 맞게 천도를 펼친다는 말이다.

'乾道變化, 各正性命, 保合大和'의 세 구절은 천도의 이(利)와 정(貞)을 해설한 것이다. 변화의 '변'은 변화해가는 과정이고, '화'는 변화가 완성된 것이다. '변'하여 '화'한다는 말이다. 이 변이 바로 이(利)의 덕이고, 화가 정(貞)의 덕이다. 천도가 이렇게 변하고 화하면 만물에게는 무슨 일이 일어나는가? '원'의 덕으로 싹을 틔우고, '형'의 덕으로 형체를 갖춘 만물은 이제 '리'의 덕으로 본성을 바로잡고, '정'의 덕으로 그 본성을 조화롭게 온전히 보존하여 완성하는 것이다.

마지막 두 구절은 이 원형리정의 덕이 펼쳐진 세상에 대한 묘사이며 찬탄이다. 하늘의 도야 말로 만물을 있게 한 으뜸의 도이니 이 도가 펼쳐지니 온천하가 태평해지는 것이다. 하늘의 도가 지상에 온전히 구현된 모습이 '만국함녕(萬國咸寧)'인 것이다. 그러니 어찌 천도가 위대하지 않으랴! 그래서 이 문장을 '대재건원(大哉乾元)'으로 시작한 것이다. 건괘는 이런 위대한 이치를 간직하고 있는 괘이다.

象曰：“天行健，君子以自彊不息．潛龍勿用，陽在下也．見龍在田，德施普也．終日乾乾，反復道也．或躍在淵，進无咎也．飛龍在天，大人造也．亢龍有悔，盈不可久也．用九，天德不可爲首也．”

"상(象)에서 말한다. 하늘의 운행이 씩씩하니 군자는 이것을 본받아 스스로 노력하여 쉬지 않는다. 잠겨 있는 용이니 쓰지 말라는 것은 양이 아래에 있기 때문이다. 나타난 용이 밭에 있다는 것은 덕 베풀기를 널리 함이다. 종일토록 건덕(乾德)에 힘쓴다는 것은 도를 거듭 실천함이다. 혹 뛰거나 못에 잠겨있다는 것은 나아가도 허물이 없다는 것이다. 나는 용이 하늘에 있다는 것은 대인이 작위(作爲)함이다. 높은 용이니 후회가 있다는 것은 가득 차면 오래갈 수 없다는 말이다. 용구(用九)의 말은 하늘의 덕을 가진 사람은 앞장서서는 안 된다는 뜻이다."

'상(象)'도 「십익」 가운데 하나이기 때문에 「상전(象傳)」이라고 한다. 「괘사」와 「효사」를 모두 해설하고 있으며, 대체로 괘와 효의 상징성을 풀이하였기 때문에 상이라고 한 것으로 알려져 있다. 상은 앞에서 살펴본 단과 마찬가지로 경문과 분리되어 있었으나 후일 단처럼 해당 괘효에 나누어 붙였다. 그러나 역시 건괘에서는 나누지 않고 단 뒤에 한꺼번에 수록하여 원모를 살필 수 있도록 했다. 「괘사」를 해설한 것을 대상(大象)이라고 하고 「효사」를 해설한 것을 소상(小象)이라고 하는데, "天行健 君子以 自彊不息"까지가 대상이고, 나머지는 소상이다. 해석을 보면 이해할 수 있는 내용이기 때문에 별도의 해설은 생략한다.

곤괘(坤卦)

곤괘는 여섯 개의 음효로 이루어진 순음괘다. 소성괘 곤괘
두 개가 겹쳐져 대성괘 곤괘가 되었다. 곤괘 경문의 구성을 도
표로 간단하게 소개하면 다음과 같다.

괘상	괘명	괘사	효명	효 사
䷁	坤	元亨利牝馬之貞. 君子有攸往. 先迷後得主利. 西南得朋. 東北喪朋. 安貞吉.	初六	履霜, 堅氷至.
			六二	直方大, 不習无不利.
			六三	含章可貞, 或從王事, 无成有終.
			六四	括囊, 无咎无譽.
			六五	黃裳, 元吉.
			上六	龍戰于野, 其血玄黃.

**坤, 元亨, 利牝馬之貞. 君子有攸往, 先迷後得主利. 西南得朋,
東北喪朋. 安貞吉.**

"곤괘는, 크게 형통하고 암말의 곧음이 이롭다. 군자가 갈
곳이 있다면, 먼저 가면 혼미하고 뒤에 가면 주인을 얻어 이롭
다. 서남쪽으로 가면 벗을 얻고, 동북쪽으로 가면 벗을 잃는다.
곧음을 늘 지켜야 길하다."

이런 문장들이 『주역』이 점치는 책임을 증명하는 것들이다.
곤괘는 64괘의 어머니 괘이고「괘사」는 한 괘의 전체적인 취
지를 밝히는 글인데, 이 곤괘의「괘사」가 오로지 점사(占辭)들

로 나열되어 있는 것이다. 건괘처럼 '원형리정'일 때는 철학적으로 해석할 여지가 있었지만, '元亨利牝馬之貞'은 그럴 여지가 적다. 굳이 곤괘의 덕을 설명한 말로 보자면 사덕이 원, 형, 리와 '암말의 정'이라는 이상한 조합이 되어 버린다. 이 점사들도 한꺼번에 기록된 것 같지는 않다. 몇 가지 내용들이 나열되어 있기 때문이다. 아마 일을 두고 점을 쳐서 이 괘를 얻은 경험들이 그 때마다 덧붙여졌을 가능성이 있다.

'元亨利牝馬之貞'은 곤괘의 길흉을 개괄적으로 말한 듯하다. 이 괘를 얻은 사람은 형통하고, 암말의 곧음을 지켜야 이롭다는 뜻으로 보는데, 도대체 '암말의 곧음'이 어떤 것인지 알 수 없다. 전통적인 해석은 암말이 '유순하면서 씩씩하게 길을 가는' 뜻을 취하였다고 하는데 잘 이해가 안 된다. 차라리 '정(貞)'자의 '점을 치다'는 뜻을 살려 '암말과 관련된 점이라면 이롭다'는 뜻으로 해석하고 싶다. 이 구절을 곤괘의 사덕으로 보는 견해는, '원형리'는 건괘의 그것에 부응하는 덕이지만 '정'에는 곤괘만의 특성이 있음을 지적한 표현으로 본다. 암말이 '유순하면서 씩씩하게 길을 간다'고 했을 때, 유순함은 음의 성질이고 씩씩함[健]은 양의 성질이다. 암말은 유순하지만, 씩씩함이라는 양적인 요소를 바탕으로 하고 있다는 말이다. 그러므로 음은 양을 받아들이고 거기에 순응해야만 자기의 올바른 기능을 발휘할 수가 있다는 것이다. 어머니는 아버지와 함께 자식을 낳고 기르고 이루어주지만 최종적으로 완성시킬 때는 어머니만의 자애로운 덕으로 한다는 말쯤 되는 듯하다.

'君子有攸往, 先迷後得主利'도 뜻이 모호하기는 마찬가지다. 곤괘는 유순함[順]을 괘덕으로 삼고 있기 때문에 해야 할 일이 있더라도 앞장서서 하지 말고 주관하는 사람을 만나 따라가면 이롭다는 뜻인가? 주자는 이 구절을 '군자가 갈 바가 있다면, 먼저 하면 혼미하고 뒤에 하면 얻으리니, 이로움을 주장한다'는 취지로 해설하였다. '先迷後得, 主利'로 구두를 끊고, '양은 의로움을 주장하고[陽主義], 음은 이로움을 주장한다[陰主利]'는 주석을 붙였는데 억지스럽다. 필자는 '先迷後得主, 利'로 구두를 끊는 견해를 따라 위와 같이 번역하였다.

'西南得朋, 東北喪朋'은 전형적인 점사다. 『주역』에서 서남쪽은 곤방(坤方)으로 음의 방위이고, 동북쪽은 간방(艮方)으로 양의 방위이다. 음인 곤괘가 음방으로 가면 같은 부류인 음을 만날 수 있지만, 양방으로 가면 음은 사라지고 양을 만나게 될 것이다. 이 때 벗을 얻는 것보다 벗을 잃는 것이 좋다. 음은 양을 만나야 만물을 낳고 기르는 공을 이룰 수 있기 때문이다. '安貞吉'은 윗 문장과 연결되는 것인지 별개의 문장인지가 분명치 않은데, 필자는 별개로 보았다. 곤괘의 「괘사」는 전반적으로 잘 이해할 수 없는 점사들이 나열되어 있는 문장이다.

象曰：“至哉坤元, 萬物資生, 乃順承天. 坤厚載物, 德合无疆, 含弘光大, 品物咸亨. 牝馬地類, 行地无疆, 柔順, 利貞. 君子攸

行 先迷失道 後順得常 西南得朋 乃與類行 東北喪朋 乃終有慶
安貞之吉 應地无疆"

"단(彖)에서 말한다. 지극하도다, 땅의 시작하는 도여! 만물이
의지하여 태어나도록 하며, 하늘을 순종하며 받들도다. 곤이
두터움으로 만물을 실어주는 덕이 끊임없이 힘쓰는 건의 덕과
합치되어, 포용하고 너그러우며 빛나고 위대하여 만물이 모두
형통하도다. 암말은 땅의 부류로 땅을 걸어감이 끝이 없으며
유순하니 이정(利貞)이다. 군자가 행하는 바를 앞장서서 하면
도를 잃게 되고 뒤에 따라가면 도를 얻을 것이다. 서남쪽에서
벗을 얻는다는 것은 무리들과 함께 가는 것이요, 동북쪽에서
벗을 잃는다는 것은 마침내 경사가 있다는 말이다. 곧음을 늘
지켜서 이롭다는 것은 땅의 끝없음에 부응한다는 말이다."

곤괘부터는 단을 「괘사」 아래에 두어 개편의 취지를 따랐
다. 곤괘의 단은 '元亨利牝馬之貞'을 곤괘의 덕으로 보고 해설
한 부분과 점사를 해설한 부분으로 나누어 볼 수 있다. 곤괘의
덕을 해설한 부분을 설명해보자. 곤의 근본적인 덕은 건에 응
하여 조화를 이루는 것이다. 그러므로 곤의 원(元)은 건의 원이
뿌린 씨앗을 받아 만물을 낳고, 곤의 형(亨)은 실어주고 포용하
는 너그러운 덕으로 만물을 길러준다. 암말의 상(象)을 취한 것
은, 말은 양물이지만 암말은 음물이기 때문이다. 암말이 음물
이 되는 것은 땅의 부류이기 때문이니, 묵묵히 쉼 없이 길을

가는 그 유순함이 음을 닮았다. 이것이 곤괘의 이(利)와 정(貞) 이다. 무엇을 이와 정이라고 한 것인지 분명하지 않지만 아마 유순함으로 만물을 이루어주고 완성시킨다는 뜻일 것이다. '君 子攸行'으로 시작하는 점사를 해설한 부분은 「괘사」를 설명하 면서 대체로 말하였기 때문에 생략한다.

象曰 : "地勢坤, 君子以厚德載物."

"상(象)에서 말한다. 땅의 형세는 유순하고 두터우니, 군자는 이것을 본받아 두터운 덕으로 만물을 실어준다." 해설이 필요 없다. 「상사」는 「괘사」와 「효사」에 대한 해설이기 때문에 해 설에 해설을 덧붙일 필요가 없으므로 이하 생략한다.

初六, 履霜, 堅氷至.

"초육은, 서리를 밟으면, 굳은 얼음이 이르게 될 것이다." 초 육은 가장 아래에 있는 음효이다. 곤괘는 음효로만 구성된, 그 래서 64괘 가운데 음의 기운이 가장 왕성한 괘이다. 그러므로 곤괘의 초육은 음의 시작이다. 아직 음의 기운이 성대하지는 않지만 이미 기미가 형성되었으니 조심해야 한다. 서리가 내 리는 것을 보고 장차 얼음이 얼 것이라는 것을 알아야 한다는 말이다.

象曰 : "履霜堅氷, 陰始凝也. 馴致其道, 至堅氷也."

"상에서 말한다. 서리를 밟으면 굳은 얼음이 언다는 것은 음이 처음 생겨난 것이다. 그 음의 도를 점차 이루어 굳은 얼음에까지 간다는 것이다."

六二, 直方大, 不習无不利.

"육이는, 곧고 바르며 크니, 거듭 노력하지 않아도 이롭지 않음이 없다." 육이는 두 번째 음효다. 음의 시대에 하괘의 중효로서 중정(中正)하였으니 곤괘의 주효(主爻)다. 그래서 곤도(坤道)를 종합하여 말했다. 바르고 굳세니 곧은 것이요, 천원지방(天圓地方)이니 땅의 덕이 바른 것이요, 건과 짝을 이루니 위대한 것이다. 그러므로 이 효는 저절로 모든 일이 이루어진다.

曰 : "六二之動, 直以方也. 不習无不利, 地道光也."

"상에서 말한다. 육이효의 움직임이 곧고 발라서 노력하지 않아도 이롭지 않음이 없다는 것은, 땅의 도가 빛나는 것이다."

六三, 含章可貞. 或從王事, 无成有終.

"육삼은, 문채를 머금고 굳게 지킨다. 간혹 왕의 일에 종사하면, 일을 이루지 못하고 끝마치게 될 것이다." 육삼은 세 번째 음효다. 중(中)도 아니고 정(正)도 아니며, 하괘의 마지막 효이니 조심하며 새 시대를 기다려야 하는 때다. 그러므로 내면의 덕을 굳게 지키며 자신을 드러내지 않아야 한다. 하괘의 윗자리에서 신하로서 벼슬하고 있으니 때때로 왕의 일에 종사해야 한다. 그때 갈무리해 둔 문채를 드러내면 된다. 왕의 일에 종사하는 것이 불리한 것은 아니지만, 아직 시기가 도래하지 않아 일이 끝나더라도 공을 세우기는 어렵다.

象曰 : "含章可貞, 以時發也. 或從王事, 知光大也."

"상에서 말한다. 아름다운 문채를 머금고 굳게 지키는 것은 때때로 드러내기 위해서이다. 간혹 왕의 일에 종사하는 것은 지혜가 빛나고 크기 때문이다."

六四, 括囊, 无咎无譽.

"육사는, 주머니를 여미니 허물도 없고 명예도 없다." 육사는 네 번째 음효다. 중도 아니고, 음효가 음의 자리에 있어 몹시 유약하다. 새 시대가 열렸으나 쓰일 수 있는 자질이 아니니, 주머니를 여미듯이 자신을 단속하여 조심해야 한다. 그러면 명예도 없지만 허물도 없다. 중(中)은 아니더라도 정(正)이기 때문이다.

象曰 : "括囊无咎, 愼不害也."

"상에서 말한다. 주머니를 여미면 허물이 없다는 것은 조심하여 해가 없는 것이다."

六五, 黃裳, 元吉.

"육오는, 노란 치마라야 크게 길하다." 육오는 다섯 번째 음효다. 제5효는 원래 임금의 자리이지만, 곤괘는 신하의 도리를 지켜야 하는 때이다. 더구나 육오는 중이지만 정이 아니니 겸손해야 한다. 황색은 중앙의 색이고, 치마는 아래옷이다. 중도를 품고 지키어 자신을 낮추어야 하는 것이다. 그래야만 비로소 길하다. 황상(黃裳)이 원길(元吉)의 조건인 것이다. 경계가 깊다.

象曰 : "黃裳元吉, 文在中也."

"상에서 말한다. 노란 치마라야 크게 길하다는 것은 문채를 갈무리하고 있기 때문이다.

上六, 龍戰于野, 其血玄黃.

"상육은, 용이 들판에서 싸우니 그 피가 검고 누르다." 상육은 여섯 번째 음효다. 곤의 본질적 특징은 '순(順)'이지만, 음이 초육에서부터 점점 자라 상육에 이르러 극성(極盛)하니 양을 대적하려 한다. 그래서 양인 용과 싸우게 되는 것이다. 그 결과는 양패구상이다. 검은 피는 양이 흘린 피고 누런 피는 음이 흘린 피다.

象曰 : "龍戰于野, 其道窮也."

"상에서 말한다. 용이 들판에서 싸우는 것은 그 도가 다한 것이다."

用六, 利永貞.

"음을 쓰는 이치는 길고 곧음이 이롭다." 건괘에 용구(用九)가 있듯이 곤괘에는 용육(用六)이 있다. 순음의 괘에서 모든 음효의 기본적 성질을 밝힌 것이다. 음은 유순하여 일정하기가 어렵기 때문에 변함없이 올곧음을 지키는 것이 이롭다. 주자는 용육 역시 서점(筮占)과 관련시켜 음은 양으로 변하는 것이 이롭다는 취지로 해설하였다.

象曰："用六永貞, 以大終也."

"상에서 말한다. 음을 쓰는 것이 길고 곧다는 것은 양[大]으로 끝나기 때문이다."